Bastian/Theml · Unsere wahnsinnige Liebe zum Auto

01/91

(A.P.)

D1728936

Till Bastian, Dr. med., Jg. 1949, war bis 1982
als niedergelassener Arzt tätig, ist heute freier Schriftsteller
und lebt in Isny; zahlreiche Veröffentlichungen, zuletzt:
Nach den Bäumen stirbt der Mensch, München 1987;
Herausforderung Freud, Stuttgart 1989.

Harald Theml, Prof. Dr. med., Jg. 1940, ist Internist
und Chefarzt für Onkologie in Karlsruhe;
zahlreiche Veröffentlichungen, u.a.:
Atlas der Hämatologie, Stuttgart 1983.

Till Bastian/Harald Theml

Unsere wahnsinnige Liebe zum Auto

Thema: Verkehr

PSYCHOLOGIE HEUTE
Taschenbuch

verlegt bei Beltz

CIP-Titelaufnahme der Deutschen Bibliothek
Bastian, Till:
Unsere wahnsinnige Liebe zum Auto : Thema Verkehr /
Till Bastian ; Harald Theml. – Weinheim ; Basel : Beltz, 1990
(Psychologie heute : Taschenbuch ; 530)
ISBN 3-407-30530-3
NE: Theml, Harald:; Psychologie heute / Taschenbuch

Alle Rechte, insbesondere das Recht der
Vervielfältigung und Verbreitung sowie der Über-
setzung, vorbehalten. Kein Teil des Werkes darf in
irgendeiner Form (durch Photokopie, Mikrofilm oder ein
anderes Verfahren) ohne schriftliche Genehmigung
des Verlages reproduziert oder unter Verwendung elektronischer Systeme verarbeitet,
vervielfältigt oder verbreitet werden.

© 1990 Psychologie heute-Taschenbuch, verlegt bei
Beltz · Weinheim und Basel
Lektorat: Rainer Spiss
Herstellung: L & J Publikations-Service GmbH, 6940 Weinheim
Satz: Satz- und Reprotechnik GmbH, 6944 Hemsbach
Druck und buchbinderische Verarbeitung:
Druckhaus Beltz, 6944 Hemsbach
Umschlaggestaltung und -foto: Peter J. Kahrl, Neustadt/Wied
Printed in Germany

ISBN 3 407 30530 3

Inhalt

Vorwort (Helga Rock, MdB)
7

Einführung
15

Mobile Zeiten – geschrumpfte Räume
23

Ein besonderes Objekt der Begierde
49

Rechtsfreier Raum Straße
69

Gesundheitliche Auswirkungen des Autoverkehrs
83

Seelische Dimensionen des Automobilmißbrauchs
115

Autowahn – wo soll das alles enden?
133

Nachwort
145

Vorwort

Unsere Gesellschaft ist durch das Automobil geprägt. Keine andere technische Entwicklung hat sich ihre Umgebung so untertan gemacht wie das Auto. Das ist Anlaß genug, diesem allgegenwärtigen, vergötterten, gehaßten, geliebten und gebrauchten Gegenstand auf den Grund zu gehen, seiner Entwicklung und ihren Folgen nachzuspüren.

Die meisten AutobesitzerInnen haben zu ihrem Automobil ein gespaltenes Verhältnis, das manchmal bis zur Haßliebe führt. Sie wissen um die Verderblichkeit ihres Tuns (selbst der ADAC verweist mit eigenartigem Stolz auf seine Forderung nach technischen Verbesserungen wie dem Katalysator), und können doch nicht davon lassen. Dieses Verhalten ähnelt einer kollektiven Sucht, die von der Automobilindustrie genährt und von der Politik der Altparteien sowie neuerdings von der Deutschen Autopartei gefördert wird. Es ist höchste Zeit, sich mit dieser Sucht zu beschäftigen und eine Änderung herbeizuführen; eine Änderung, die angesichts der Toten im Straßenverkehr, des Waldsterbens und des Auftretens von Smog nicht länger aufgeschoben werden kann.

Wie kam es zu dieser Entwicklung, die zu dem heutigen Zustand führte, den wir alle kennen, erleiden und hinnehmen?

Das Reisen in früheren Zeiten war – bis ins vorige

Jahrhundert – von der uns heute selbstverständlichen Raumüberwindung weit entfernt. ‚Menschen von Stand' benutzten die Kutsche; den meisten dienten jedoch die eigenen Füße als Fortbewegungsmittel. Die Menschen waren mehr oder weniger ortsgebunden. Eine gewisse Mobilität – zur Eroberung der näheren Umgebung – brachte die Entwicklung des Niederrades, heute allgemein als Fahrrad bekannt. Damit wurde es dem arbeitenden Teil der Bevölkerung zum erstenmal möglich, Mobilität zu erfahren.

Einen weiteren Entwicklungsschub brachte die Eisenbahn. Mit ihr erfolgte die Erschließung der ‚weiten Welt'. Das ‚gemeine Volk' wurde dadurch in die Lage versetzt, mit den ‚Standesmenschen' in ihren Pferdewagen gleichzuziehen, ja sie sogar zu überholen. Die an Schienen und Haltestellen gebundene, von Fahrplänen abhängige und von Kontrolleuren überwachte Bahn war – trotz der Einführung von Wagenklassen – eine Gleichmacherin: Vor dem Abfahrtssignal und dem Fahrplan waren alle gleich.

Die Befreiung von der Schiene, dem Fahrplan und den Haltestellen sollte dann das Automobil bringen.

Während das Fahrrad und die Eisenbahn weiterhin als Fortbewegungsmittel der Massen dienen, bleibt das Automobil zunächst einer kleinen, finanziell potenten Oberschicht vorbehalten. Diese wäre im übrigen nie auf den Gedanken gekommen, selbst zu fahren: Man ließ sich fahren. Die frühen Autos machen das auch deutlich. Die Herrschaften sitzen drinnen, der Fahrer – der Witterung ausgesetzt – draußen wie weiland der Kutscher auf dem Bock. Das Auto war also in seinen Anfangsjahren das Statussymbol der Reichen, der Neureichen, des Besitzbürgertums, das damit der Knute der

Eisenbahn entronnen war und sich nicht länger gemeinsam mit dem Plebs der Schiene, dem öffentlichen Verkehrsmittel, anvertrauen mußte.

Diese Haltung ist heute noch (wieder?) anzutreffen: das öffentliche Verkehrsmittel als Fortbewegungsmittel für die Armen, die Minderbemittelten, diejenigen, die sich kein Auto leisten können. Mit dem Auto, so wurde und wird suggeriert, sei es möglich, Raum und Zeit zu überwinden, ja sich zum Herrscher über Raum und Zeit zu machen.

Schnell bemächtigte sich die Phantasie der Massen des Autos. Warum sollte dieses Fortbewegungsmittel nur wenigen ,Oberen' zur Verfügung stehen, warum sollte nicht auch das gemeine Volk Raum und Zeit erobern? Noch fehlte das billige, massenweise herstellbare ,Volksauto'. Das kam im III. Reich. Hitler hatte erkannt, daß Autos und Straßen „nationalpolitisch gesehen, mithelfen, das Gefühl der deutschen Volks- und Reichseinheit zu stärken".

Die Grundpfeiler der bundesdeutschen automobilen Gesellschaft wurden im III. Reich gelegt. 1938 erklärte Adolf Hitler: „Der Kraftwagen von damals ist jetzt zum gewaltigen Verkehrsmittel geworden. Wir sind hier erst – besonders in Deutschland – am Beginn dieser Entwicklung. Er wird weiter wachsen. Er wird Millionen und Millionen erschließen. Omnibusse befördern heute Millionen von Menschen über die Straßen. Und so werden diese Straßen in 10, 15, 20 Jahren immer mehr die Straßen des modernsten Verkehrs unseres ganzen Volkes."

In diesem Sinne schuf die Organisation Todt die Grundlagen des (bundes)deutschen Autobahnnetzes. Noch heute gilt der ,Reichsautobahnbau' als eine positive Errungenschaft des deutschen Faschismus, auch wenn diese Autobahnen damals – wie teilweise heute noch – überwiegend aufgrund militärstrategischer Überlegungen geplant und gebaut wurden. Nach 1945 waren es zum Teil die gleichen Techniker, die weiter die Straßen planten und bauten für den „modernsten Verkehr eines – jetzt geteilten – Volkes". Technik ist angeblich politisch neutral. Also mußten auch die Techniker politisch neutral sein. Eine Entnazifizierung des Autos und des Straßenbaus fand nicht statt.

Diese ‚amtliche Verheißung' des Faschismus wurde in den 50er Jahren, in der Aufbauphase der BRD, als Nachfrage deutlich. „Wohlstand für alle" versprach der ‚Vater des deutschen Wirtschaftswunders', Ludwig Erhard, 1957 in seinem Buch gleichen Titels.

Mit steigender Kaufkraft rückte die Gleichheit vor der Ware in erreichbare Nähe. Was Hitler den Volksgenossen vorgegaukelt hatte – den Volkswagen für die Volksgenossen –, das sollte für den Massenkonsumenten der 2. Republik Realität werden: *das Auto für alle.*

Ausgerechnet ein sozialdemokratischer Verkehrsminister sollte die Autobahnbauphantasien Hitlers vollenden. In den 70er Jahren versprach Georg Leber jedem Bundesdeutschen ‚seinen' Autobahnanschluß. Niemand sollte weiter als maximal 20 km fahren müssen, um am „modernsten Verkehr" teilzuhaben.

Schon zu einem sehr frühen Zeitpunkt wird das Wirken einer Automobillobby sichtbar. So schreibt die Frankfurter Zeitung in einem Artikel aus dem Jahre 1908: „Die junge Automobilindustrie, die den Keim künftiger Größe in sich birgt, steht noch nicht auf einer geordneten Basis, die notwendig ist, um in der Welt als erfolgreicher Konkurrent auftreten zu können. Es muß ihr das eigene Land die Bedingungen der Rentabilität bieten."

Daran schließt jener denkwürdige Dreisatz des konkurrenzgetriebenen Fortschritts an, wie er von Wolfgang Sachs formuliert worden ist:

1. Die technische Entwicklung ist nicht aufzuhalten.
2. Wenn sie es schon nicht ist, muß Deutschland an der Spitze stehen.
3. Wir sind also gehalten, das Automobil mitsamt seiner Industrie mit allen staatlichen Mitteln zu unterstützen.

Die BRD hat das dichteste Straßennetz der Welt. Alljährlich zu Beginn und gegen Ende der Ferienzeit erreichen uns nicht endenwollende Staumeldungen. Die Durchsage der Staus dauert länger als die Nachrichten. Die Grenzen des automobilen Wachstums scheinen erreicht. Stehen wir also am Vorabend einer AutoMobilitätskrise? Es ist Zeit, Bilanz zu ziehen und nach dem Preis für diesen Fortschritt zu fragen. Hätte man vor gut 100 Jahren eine Technikfolgenabschätzung des industriellen Produkts Automobil gemacht – möglicherweise wäre dieses Produkt nie in Serie gegangen. Was also hat sich geändert?

Das Grundkonservative unseres Verhaltens läßt sich vielleicht an folgender Zahl ablesen: In den 50er Jahren hat es ein Mensch in der BRD jährlich auf ca. 900 Ortswechsel gebracht: zum Einkaufen, Kino- oder Freundesbesuch usw. Heute sind wir immer noch bei dieser Zahl der Ortswechsel. An den Bedürfnissen hat sich nichts geändert. Verändert hat sich etwas ganz anderes – unsere Fähigkeit, Entfernungen zu überwinden: Der Supermarkt am Stadtrand lebt vom Auto – der Tante-Emma-Laden starb am Auto. Dem entfernungsorientierten Fortschrittsdenken entsprechend reduzierte sich Raumordnungspolitik auf eine Bereitstellungspolitik unbegrenzter Straßenflächen.

Heute kehrt sich der Trend um: Die Menschen wollen zurück in die Städte, wollen sich und ihre Umwelt wieder als Einheit empfinden. Sie wollen Luft ohne Schadstoffe, die das Atmen schwermachen. 60 Prozent der Vergiftungsmasse werden vom Verkehr produziert, frei Himmel sozusagen, trotz schöner Worte und ein paar Katalysatoren. Die Schadstoffbelastung in der Luft wird nach Vollendung des Binnenmarktes weiter ansteigen, denn das Wirtschafts-Europa der Altparteien lebt von einer stark arbeitsteiligen Wirtschaft und damit von Transporten. Daran ändert auch der gewünschte Katalysator für Kleinwagen nichts. Bis alle Altfahrzeuge aus dem Verkehr gezogen sind, werden zehn Jahre vergehen, das heißt, erst zur Jahrtausendwende werden die Schadstoffabgase aus den Pkws eingedämmt sein.

Dabei wäre es ein leichtes, ein Tempolimit von 100 km/h auf Autobahnen, 80 km/h auf Landstraßen und 30 km/h in Ortschaften festzusetzen und damit einen wirksamen Sofortbeitrag zur Schadstoffreduzierung zu leisten. In diesem unserem Land scheint es jedoch ein ‚freiheitlich demokratisches Grundrecht' auf Raserei zu geben. Was für ein pervertierter Freiheitsbegriff liegt dem Slogan „Freie Fahrt für freie Bürger" zugrunde! „Mobilität ist Freiheit", sagte der Chef des VW-Konzerns anläßlich der Internationalen Automobilausstellung 1987.

Das reale Geschehen auf unseren Straßen erinnert weniger an Freiheit als an Krieg. Autos dienen als Waffen und Wohnhöhlen zugleich. Menschen begegnen sich nur noch in der Maske ihres Fahrzeugs: anonym, bereit zu Nötigung und Gewalt. Es werden Schlachten geschlagen, der Porsche gegen den Mercedes, der Golf gegen den Ford, Pkws gegen Lkws. Die PS-starken schnellen Flitzer gegen die beladenen Familienkutschen. Nicht Menschen verkehren miteinander, sondern tote Materie konkurriert gegeneinander.

Neben den ökologischen Schäden sind Menschenopfer zu beklagen. In den Industriestaaten sterben insgesamt jährlich 250 000 Menschen durch das Auto. Seit Erfindung dieser Wunderwaffe sind weltweit über 25 Mio. Opfer zu beklagen. Sind sie Opfer der Freiheit? Individuell betrauert, beklagt, doch kollektiv verdrängt als notwendige Opfer des großen Ziels der ‚freiheitlichen Mobilität‘. Der Tod durch das Auto wird hingenommen wie der Tod im Krieg. In Nagasaki und Hiroshima starben ca. 200 000 Menschen einen grausamen Tod; im 14. Jahrhundert tötete die Pest bei der größten bekannten Epidemie fast 25 Mio. Menschen. Wir haben die Pest besiegt; wir haben die Hoffnung, daß die Atomwaffenarsenale geschlossen bleiben. Tritt der Schwarze Tod des Mittelalters heute im Gewand der Freiheit auf? Wie sieht es aus mit der Freiheit der Andersdenkenden, der Nicht-AutofahrerInnen? Sie bilden immerhin die Mehrheit in diesem Land, eine schweigende, totgeschwiegene Mehrheit, deren Freiheits- und Freiraumbedürfnisse geopfert werden. Es wird überhaupt kein Gedanke daran verschwendet, warum die Wege für das Auto durchgehend sind, FußgängerInnen aber eine Vielzahl von Hindernissen überwinden müssen. FußgängerInnen und RadfahrerInnen werden durch parkende Autos auf Rad- und Gehwegen eingeschränkt. Schilder, die den Autoverkehr regeln, werden selbstverständlich auf der Verkehrsfläche der FußgängerInnen aufgestellt. Es scheint erreicht, wovor Freiherr von Pidoll im Jahre 1912, als noch zu Beginn der Automobilisierung, gewarnt hat: Unsere Straßen sind „menschenrein" geworden.

Ich hoffe, daß es mit Hilfe dieses Buches gelingt, eine gesellschaftliche Diskussion über die Folgen der Auto-Mobilität in Gang zu bringen. Darüber hinaus hoffe ich, daß es den Menschen gelingt, sich ihren Lebensraum Straße vom Auto zurückzuerobern.

Helga Rock, MdB

Einführung

Wie Werner Chory, Staatssekretär beim Bundesgesund-
heitsministerium, Ende März 1989 der Presse mitteilte[1],
waren in der Bundesrepublik Deutschland zu diesem
Zeitpunkt 3066 manifest an AIDS erkrankte Personen
beim Berliner Zentralregister erfaßt. Von den seit dem
1. Januar 1982 registrierten AIDS-Kranken seien mittlerweile 1246 gestorben.

Rund 1200 AIDS-Tote in etwas mehr als sieben Jahren
(bei im gleichen Zeitraum, das heißt bis zum 28. März
1989, in der BRD gemeldeten 30351 HIV-1-positiven
Laborbefunden) ... Es geht hier gewiß nicht darum,
diesen heimtückischen, zugleich aber auch zum ge-
winnbringenden Medienspektakel herangewachsenen
Immundefekt zu verharmlosen, doch werden die Ge-
wichte und Dimensionen wieder ein wenig zurechtge-
rückt, wenn wir die genannten Zahlen mit anderen
Daten kontrastieren:

Im selben Zeitraum (Januar 1982 – März 1989) sind
nämlich in der Bundesrepublik, in der eingreifende
Maßnahmen wie die Zwangstestung bei ‚Verdächtigen'
und die zwangsweise Isolierung von ‚uneinsichtigen'
Infizierten wiederholt diskutiert werden, rund fünfzig-
mal so viele Todesopfer von einer anderen Seuche hin-
weggerafft worden – diese Seuche heißt *Straßenverkehr*.
Die Zahl der Verkehrstoten zwischen 1982 und 1989 erreicht eine Größenordnung von 60000, und sie ist, nach

jahrelangem Absinken, wieder im Steigen begriffen: 8213 Verkehrstote im Jahr 1988 gegenüber 7967 im Vorjahr; eine Stadt mit über 16000 Einwohnern (etwa Isny im Allgäu!) in zwei Jahren vollständig ausgerottet, vom Erdboden vertilgt, und zwar ohne daß dies von nennenswerter Empörung begleitet würde, während doch die sich auf nicht einmal ein Zehntel belaufende Anzahl aller AIDS-Toten vom Beginn der wissenschaftlichen Beobachtung der Seuche bis zum März 1989 allenthalben die Gemüter erregt und leidenschaftliche Diskussionen entfacht. Die offensichtliche Widersinnigkeit muß betroffen stimmen. Vom medizinischen Standpunkt aus ist sie nur als Symptom krankhafter Realitätsverleugnung zu werten.

Für uns als Ärzte, die sich vor allem einer vorbeugenden Gesundheitspflege verpflichtet fühlen – denn besser als Krankheiten heilen zu müssen, ist es, von vornherein ihre Entstehung zu verhindern –, ist dieser Zustand nicht hinnehmbar. Er ist es um so weniger, wenn wir uns vor Augen halten, daß für die vorzeitige Sterblichkeit der Männer in der Bundesrepublik nur einige wenige Faktoren verantwortlich sind, unter denen dem Automobilverkehr besondere Bedeutung zukommt. Es ist deshalb sowohl politisch wie fachlich zu begrüßen, wenn der Vorsitzende der Vereinigung Nordwestdeutscher Chirurgen, Professor Hans-Jürgen Peiper, Ende Mai 1989 aus medizinischen Gründen eine generelle Geschwindigkeitsbegrenzung auf den Straßen der BRD gefordert hat[2] – die Zunahme schwerster Verletzungen, insbesondere im Bereich der Halswirbelsäule, deren Verursachung eindeutig durch überhöhte Geschwindigkeit mitbedingt ist, hat ihn zu dieser mutigen und konsequenten Forderung veranlaßt (mehr zu diesem Thema im vierten Kapitel). Leider sind solche offenen Worte viel zu selten zu hören. Nach wie vor beherrschen Losungen wie „Freie Fahrt für freie Bürger!" die meinungsbildende Szenerie. Den Schaden davon haben wir alle.

Nicht nur wegen der unmittelbaren Bedrohung von Leben und Gesundheit – schließlich sind in der Bundesrepublik seit ihrer Gründung rund 500 000 Menschen im Straßenverkehr zu Tode gekommen – muß der Automobilmißbrauch eingeschränkt werden. Auch zur Vermeidung einer drohenden ökologischen Katastrophe ist es zwingend geboten, über eine einschneidende Reform des Straßenverkehrs nachzudenken. Daß die aus den Automobilmotoren freigesetzten Schadstoffe zum ‚Waldsterben' beitragen (das seinerseits nur der mahnende Vorbote eines allgemeinen Vegetationstodes ist, den freilich auch der Mensch nicht überleben könnte), wird heute nicht mehr bestritten. Weniger bekannt ist, in welch hohem Maße der Automobilverkehr auch zu den befürchteten weltweiten Klimaveränderungen, zur allgemeinen Erwärmung (‚Treibhauseffekt') mit ihren voraussichtlich katastrophalen Folgen, beiträgt. Denn auch das Auto, ob mit Benzin oder Dieselöl betrieben, verbrennt in seinem Motor fossile Brennstoffe, wobei zwangsläufig Kohlendioxid freigesetzt wird. Dieses Gas wird hauptsächlich aus den reichen Industrienationen in die Atmosphäre eingespeist: „Die Hauptquelle derartiger Emissionen ist mit jährlich etwa 5,6 Gigatonnen (das sind 5,6 Mrd. Tonnen, d.Verf.) die Verfeuerung fossiler Brennstoffe. Da 75 Prozent dieser Emissionen aus den Industrieländern stammen, müssen diese als erste Stabilisierungsmaßnahmen ergreifen."[3] Diese

Maßnahmen können den Straßenverkehr jedoch kaum ausklammern – in der Bundesrepublik entfällt beispielsweise rund ein Viertel des durch Verfeuerung fossiler Brennstoffe erzeugten Kohlendioxids (CO_2) auf die Verbrennungsmotoren der Kraftfahrzeuge.[4] Bisher sind solche die Umweltschäden zumindest künftig eindämmenden Maßnahmen freilich nicht in Sicht – die Schadstoffemissionen durch Automobile nehmen, allen anderslautenden Versprechungen zum Trotz, deutlich zu: sowohl im Falle des Kohlendioxids, das zur Aufheizung des Weltklimas beiträgt, als auch der Stickoxide, die für das Waldsterben (mit-)verantwortlich sind. Die umweltzerstörerische Seite des Automobils wird ebenso verdrängt und verleugnet wie seine gesundheitsgefährdenden, lebensbedrohlichen Eigenschaften.

„Das Auto, das die benötigte Energie zur Fortbewegung mit sich führt, ist für den Individualverkehr unverzichtbar. Es gibt nichts Besseres; es ist trotz aller Auflagen, Gebote und Verbote die beste verfügbare Alternative zugunsten uneingeschränkter Mobilität." Mit diesen Sätzen eröffnete die ,Süddeutsche Zeitung' im Mai 1989 die Dokumentation über die Sitzung eines von ihr einberufenen ,Verkehrsparlaments'.[5]

Obschon es sich hier ähnlich verhalten dürfte wie beim Atomstrom (der nur deshalb billig erscheint, weil die zahlreichen direkten und indirekten Subventionen nicht auf den Preis aufgerechnet werden – etwa jene 20 Mrd. DM, die die Investitionsruinen in Kalkar, Wakkersdorf und Hamm-Uentrop gekostet haben), das heißt obwohl es gar keine fairen Entwicklungschancen für echte Alternativen gibt, wollen wir einmal annehmen, die These des SZ-Verkehrsparlaments sei richtig:

Das Automobil sei das beste Vehikel zugunsten uneingeschränkter Mobilität des Individuums.

Dann wäre zunächst zu überprüfen, ob eine solche „uneingeschränkte" Mobilität des einzelnen mit dem Rechtsverständnis unseres Grundgesetzes überhaupt vereinbar ist: Denn jedes Grundrecht, auch das auf „Mobilität" (das heißt der freien Verfügung über den Aufenthaltsort unter Nutzung aller verfügbaren technischen Mittel), findet seine Grenzen und Schranken in den Rechten anderer (etwa dem Recht auf persönliche Unversehrtheit). Auch ohne diesen rechtsphilosophischen Einwand läßt sich fragen, ob eine solche „uneingeschränkte Mobilität" tatsächlich einen „Wert an sich" darstellt.

Angesichts von 500 000 Verkehrstoten, die es in der Bundesrepublik seit ihrer Gründung im Jahr 1949 bis zum Jubiläum ihres vierzigjährigen Bestehens gegeben hat, angesichts von jährlich weiteren 8000 Verkehrstoten, angesichts der Millionen, die im Verkehr verletzt und verkrüppelt wurden sowie in Anbetracht der rund 38 Mrd. DM Schaden, die 2 Mio. Verkehrsunfälle 1987 verursachten, darf dies wohl mit gutem Grund bezweifelt werden. Dazu kommt die Tatsache, daß eine Fläche von der Größe des Saarlands in der Bundesrepublik bereits dem Straßenbau zum Opfer gefallen ist und daß die Verbrennungsmotoren der 34 Mio. Kraftfahrzeuge in der Bundesrepublik (Ende 1988) einen entscheidenden Beitrag sowohl zu Waldsterben und Vegetationstod wie auch zur Zerstörung der Erdatmosphäre und zur Veränderung des Weltklimas leisten.

Aber immer noch sind Parolen wie „Was fehlt, sind Straßen" in der Bundesrepublik Deutschland außerordentlich populär (auf die dahinter verborgenen Motive kommen wir in Kapitel zwei zu sprechen). Es ist offensichtlich, daß das Auto nicht zu den Gebrauchsgegenständen zählt, deren Nutzung vernünftig und kritisch bedacht und bei deren Einsatz Vor- und Nachteile gegeneinander abgewogen werden. Das Automobil ist ein Kultgegenstand und die möglichst ungehinderte, das heißt nicht durch Tempolimit oder ähnliches eingeschränkte Mobilität zum Selbstzweck geworden: Diese Art von Verkehr muß sein, „koste es, was es wolle". Fiat velocitas, et pereat mundus – zu deutsch: Ich muß reisen und rasen, und wenn die Welt um mich herum vor die Hunde geht.

Diese Haltung einzunehmen heißt in unseren Augen, Automobilmißbrauch zu betreiben: Es wird an Verhaltensweisen festgehalten, obschon deren kurz- und langfristige Schäden offensichtlich geworden sind. Verleugnung und Verdrängung der Folgen sind der Preis dieses Tuns, das nicht dadurch besser wird, daß viele Spitzenpolitiker es so nachdrücklich unterstützen, daß das ‚Zeitmagazin' anläßlich des vierzigsten Jubiläums der Gründung der BRD die Vermutung äußerte, „die eigentliche Bundesregierung werde von einer Koalition aus BMW-Fahrern und ADAC-Mitgliedern gebildet".[6] Den Schaden, der aus dieser Haltung erwächst, haben wir alle zu tragen. Vor allem unsere Kinder und Enkel werden an den irreversiblen Folgen eines ungebändigten Kraftfahrzeugverkehrs, einer „uneingeschränkten Mobilität" schwer zu leiden haben.

Wir halten das Automobil für den Personen- und Warenverkehr in unserer Industriegesellschaft für mittelfristig unverzichtbar. Da jedoch offensichtlich Mißbrauch mit ihm getrieben wird – das heißt, da es in einer Art und Weise eingesetzt wird, bei der die sozialen Kosten den privaten Nutzen deutlich übersteigen –, muß seine Verwendung kritisch überprüft und ernsthaft nach Alternativen gesucht werden. Wenn unser Gemeinwesen halbwegs unbeschadet und einigermaßen menschenwürdig in das dritte Jahrtausend christlicher Zeitrechnung hinübergerettet werden soll, dann ist es höchste Zeit, über die für Mensch und Natur schädliche Anarchie unserer gegenwärtigen Verkehrspolitik ernsthaft nachzudenken.

Isny und Karlsruhe,   Till Bastian, Harald Theml
im Herbst 1989

Anmerkungen

1 Süddeutsche Zeitung, 31.3.1989.
2 Ärztezeitung, 1.6.1989.
3 Richard A. Houghton/George M. Woodwell: Globale Veränderung des Klimas. In: Spektrum der Wissenschaft. Juni 1989, S. 113.
4 Vgl. hierzu Roland Scholz: Das Kohlendioxid-Problem. In: ders.: Warnzeichen. Berlin 1990.
5 Süddeutsche Zeitung, 18.5.1989.
Wer sich über derartige Lobpreisungen des Autos in einer großen Tageszeitung wundert, muß nur etwas genauer hinsehen: Für die Seite „auto + verkehr" der SZ (die fast ausschließlich über das Automobil berichtet und andere Verkehrsmittel gar nicht erst zur Kenntnis nimmt) ist Jürgen Lewandowski verantwortlich. Über diesen ‚unabhängigen' Journalisten kann man in der SZ vom 20.5.1989 in einem von der Lokalredaktion verfaßten Bericht lesen: „Ein Auto, wie es im Buche steht. ‚Im Moment gibt es mehr Bücher als Autos', meinte BMW-Pressechef Richard Gaul vielsagend. Natürlich meinte Gaul ein bestimmtes Buch und ein bestimmtes Auto: den neuen, 83000 Mark teuren ‚Freiluftwagen' der Firma, für die er PR macht und von dem das Buch

handelt. Wobei Auto und Buch gleich heißen, nämlich ‚BMW Z1'. Das Buch (Südwest Verlag, 68 Mark) hat noch den Untertitel ‚Der Roadster der Zukunft'. Geschrieben wurde es von Jürgen Lewandowski, der in der SZ die Seite ‚auto + verkehr' betreut ..."

Bei solch inniger Verbundenheit von Industrie und Journalismus wundert es freilich nicht, daß das für die Allgemeinheit brennend interessante Thema „Roadster" auf der Seite „auto + verkehr" in der SZ im Frühjahr 1989 üppig abgehandelt wurde – ärgerlicher ist allerdings, daß Roadster-Fan Lewandowski in der SZ vom 27. 2. 1989 in einem Leitartikel die Chance erhielt, die Unfallstatistik des Jahres 1988 – in dem zum erstenmal seit langem wieder mehr als 8000 Verkehrstote gezählt wurden – eine „positive" Seite abzugewinnen („Ein positiver Trend trotz höherer Zahlen", SZ, 27. 2. 1989).

6 Zeitmagazin, Nr. 22/1989.

Mobile Zeiten – geschrumpfte Räume

Zur Geschichte des Automobils

Das Automobil ist ein ‚Fortbewegungsmittel', ein Instrument zur Überwindung räumlicher Distanzen innerhalb möglichst kurzer Zeit. Bevor wir seine Geschichte seit der ersten Fernfahrt der Berta Benz im Jahre 1888 von Mannheim nach Pforzheim und den mit der Massenmotorisierung verknüpften sozialen Wandel betrachten, ist es unabdingbar, kurz zu erörtern, welche Bedeutung der Raum für die Menschen früherer Zeiten besessen hat.

Für uns, die wir im Zeitalter von Autobahn, Düsenflugzeug und Massentourismus aufgewachsen sind, ist es kaum noch vorstellbar, was für eine trennende Wirkung die räumliche Distanz zwischen den Menschen früher gehabt hat. Blicken wir 500 Jahre zurück, in das ausgehende Mittelalter. Um 1450 war Europa relativ dünn besiedelt: Nur etwa 70 Mio. Menschen bewohnten den alten Kontinent (mehr als 500 Mio. sind es heute); die Bevölkerungsdichte wird auf 7 Menschen pro Quadratkilometer geschätzt. Für diese Menschen hatten der Reiseverkehr sowie der Austausch von Waren und Nachrichten eine ganz andere Bedeutung als für uns. Die Menschen reisten kaum und erfuhren nur wenig aus jenen Winkeln der Welt, die außerhalb ihres Gesichtskreises lagen; in ihrer dünn besiedelten Heimat, in der schon kleine Entfernungen eine Tagesreise bedeuteten, lag noch viel Land brach, sei es nun Heide,

Moor oder dichter Wald. Diese Heimat war bäuerlich strukturiert: Über 8 von 10 Menschen lebten in Weilern, Gehöften und Dörfern – die Städte fielen zwar ökonomisch und politisch, nicht aber zahlenmäßig ins Gewicht.

„Die erste Nachricht vom Fall Konstantinopels traf 1453 in Venedig, 1400 Kilometer Luftlinie entfernt, genau einen Monat danach ein, und sie kam in Windeseile! Noch immer ist das Pferd wichtigstes Beförderungsmittel; es braucht Hafer, Stroh, eine Tränke und Ruhepausen und ist nicht viel schneller als der Fußgänger, der sich, wenn er gesund und die Straße eben ist, mitunter über 30 Kilometer täglich zutraut. Reisen bleibt langsam und mühsam; selbst im schweren Wagen, der ungefedert ist, kann der vornehmste Reisende Überraschungen erleben wie Papst Johannes XXIII., dem 1414 am Arlberg der Wagen umkippte."[1]

Immer wieder entvölkerten Kriege und Katastrophen die Länder Europas: Sowohl nach dem ‚Schwarzen Tod', der großen Pestepidemie des 14. Jahrhunderts, wie nach dem Dreißigjährigen Krieg 1618–1648 meinten die Menschen in vielen Gegenden, es sei leichter, die Überlebenden zu zählen als die Toten ...

300 Jahre nach dem Ausgang des Mittelalters, am Vorabend der Französischen Revolution, hatte sich am Schneckentempo des Reisens, an der trennenden Wirkung räumlicher Entfernung und an der geringen Mobilität der Bevölkerung nur wenig geändert. 1780 zählte Europa ungefähr 180 Mio. Menschen (etwa 30 Prozent der gegenwärtigen Zahl), während die Bevölkerungsdichte bei ca. 18 Menschen pro Quadratkilometer gelegen haben mag. Nicht nur, daß größere Entfernungen als heute die Menschen voneinander trennten – sie wa-

ren auch kaum schneller zu überwinden als im Mittelalter. Allerdings reisten die meisten Menschen ohnedies nicht viel; sie kannten die Welt jenseits ihres Weilers oder ihres Provinzstädtchens nur vom Hörensagen; allenfalls zum Markttag wanderte man ins nächste größere Anwesen. Für die große Masse bot nur der Militärdienst, selten genug freiwillig angetreten und häufig mit Tod oder Verstümmelung bezahlt, die Chance, etwas von der Welt zu sehen. Personenverkehr und Warenaustausch vollzogen sich im wesentlichen immer noch im Fußgängertempo, das heißt mit etwa 30 Tageskilometern – lediglich die Post (und mit ihr die neuesten Nachrichten) war etwas schneller, was aber für die meisten ohne Bedeutung blieb. Selbst Goethe, für seine Zeit ein recht hastig Reisender, brauchte zum Auftakt seiner „italienischen Reise", als er sich am 3. September 1786 frühmorgens aus Karlsbad empfahl, genau zehn Tage, bis er am 13. 9. eine Bootsfahrt auf dem Gardasee unternehmen konnte (im übrigen würden wir heute eine solche „Italienreise", die immerhin bis zum 18. Juni 1788, also fast 22 Monate dauerte, wohl eher als „Studienaufenthalt im Ausland" bezeichnen).

Einen ersten großen Mobilitätsschub brachte, rund 50 Jahre nach Goethes Italienreise, die Eisenbahn mit sich. Heinrich Heine berichtet 1843 von der Eröffnung der Eisenbahnlinie Paris–Rouen und läßt dabei die für gewiß nicht wenige Zeitgenossen typische Mischung von Faszination und Furcht erkennen:

„Die Zeit rollt rasch vorwärts, unaufhaltsam, auf rauchenden Dampfwagen, und die abgenutzten Helden der Vergangenheit, die alten Stelzfüße abgeschlossener Nationalität, die Invaliden und Inkurablen, werden wir bald aus den Augen verlieren ... Welche Veränderungen müssen jetzt eintreten in unserer Anschauungsweise und in unseren Vorstellungen! Sogar die Elementarbegriffe von Zeit und Raum sind schwankend geworden. Durch die Eisenbahn wird der Raum getötet, und es bleibt uns nur noch die Zeit übrig ..."[2]

Die Eisenbahn entstand in direktem Zusammenhang mit der Industrialisierung des 19. Jahrhunderts. Ihre Hauptaufgabe bestand anfangs in der Beförderung von Waren und Gütern, weniger von Personen. Ihre Benutzung forderte von den Reisenden ein gewisses Maß an Gemeinsamkeit, sei es nun die Beachtung fester Abfahrtszeiten oder das Erfordernis, sich an vorgegebene Strecken halten zu müssen – das heißt, sie war nur kollektiv zu nutzen und gab dem Individuum Zeittakt und Verkehrsweg vor.

Die Voraussetzung für den zweiten, den automobilen Mobilitäts- und Motorisierungsschub liegt in der zunehmenden Verstädterung der Gesellschaft. Riesige Ballungszentren entstanden, in deren Vorstädten sich die Lohnarbeiter ansiedelten. Dieser Urbanisierungsprozeß ließ die Trennung von Wohn- und Arbeitsplatz – die sich schon im 18. Jahrhundert angebahnt hatte – zur Regel werden. Die Umwälzung, die zu dem uns heute bekannten Pendlerwesen führte, war beachtlich. Noch in den Lebenstagen des erwähnten Papst Johannes XXIII., also Anfang des 15. Jahrhunderts, aber auch noch zu Goethes Zeit, das heißt vor rund 200 Jahren, war es für 80 Prozent der Menschen (nämlich für die gesamte bäuerliche Landbevölkerung) selbstverständlich, am selben Ort zu wohnen und zu arbeiten. Eine Entfernung von 50 und mehr Kilometern zwischen Wohn- und Arbeitsplatz ist dagegen heute keine Seltenheit. Im Verlauf dieser Entwicklung geriet die bürgerliche Wohnung immer mehr zum Ort des Konsums und des ‚Familienlebens', der – vom Arbeitsalltag und seinen Härten buchstäblich meilenweit entfernt – zu einer die Nöte der Leistungs- und Erwerbsgesellschaft kompensierenden Stätte behaglicher Privatheit, zum ‚gemütlichen Nest' ausgestaltet wurde.

So wird das menschliche Leben in immer kleinere, zunehmend von örtlicher Bindung unabhängige Substrukturen zersplittert, innerhalb derer sich die Menschen weitgehend eigenverantwortlich und auf sich selbst gestellt durchs Dasein schlagen (müssen). Im Jahr 1987 waren in der Bundesrepublik 55 Prozent der 23 Mio. Familien kinderlos; nur noch in sechs Prozent aller Familien zählten die Statistiker drei oder mehr Kinder.[3] Daß drei Generationen unter einem Dach leben, wie früher allgemein üblich, ist heute eine Seltenheit. Dagegen wächst die Zahl der Ein-Personen-Haushalte sprunghaft an. Eine immer größere Zersplitterung der Gesellschaft ist die Folge; ortskonstante Gruppenkohärenz gibt es kaum noch. Anders gesagt: Die Enkel sehen den Großvater zwar nicht mehr, weil er ins Altenheim abgeschoben wurde und unter Umständen auf der Intensivstation endet – jedoch zu seiner Beerdigung müssen die über die Republik verstreuten Familienmitglieder dann insgesamt viele Tausend Straßenkilometer zurücklegen ... Generell läßt sich familiärer und freundschaftlicher Verkehr nur noch über große Entfernungen hinweg aufrechterhalten.

„Es gehört zu den Widersprüchlichkeiten des Lebens in der modernen Großgesellschaft, daß wir über ein Zuviel an Kontakten mit Menschen, die wir nicht kennen, klagen und zugleich das Eingebettetsein in einen Verband uns vertrauter Menschen vermissen; denn jene, die wir gut kennen, unsere Freunde und unsere nächsten Verwandten, sind heute meist über viele Orte verstreut. Wir sind daher trotz des Miteinander mit vielen recht einsam. Die Mobilität hat viele Bindungen zerrissen, und neue herzustellen, ist bei der gegenwärtigen Struktur unserer Städte schwierig."[4]

Die ökonomische, soziale und politische Entwicklung hat aber nicht nur die hier schlaglichtartig beleuchteten Veränderungen in Bevölkerungsstruktur und -verteilung hervorgerufen. Sie hat riesige, weltumspannende Konzerne entstehen lassen, hat den Waren- und Geldverkehr internationalisiert und schließlich auch Wanderungsbewegungen von Arbeitskräften (,Gastarbeitern') über die Grenzen hinweg ausgelöst.

Mit dem Erstarken der Arbeiterbewegung und der Gewerkschaften und der damit verbundenen Entstehung des modernen Sozialstaates kam es zu gesellschaftlichen Reformen (Acht-Stunden-Arbeitstag, arbeitsfreies Wochenende, tariflich vereinbarter Jahresurlaub usw.), deren Verwirklichung noch vor hundert Jahren völlig utopisch erschienen wäre und die ihrerseits einer erhöhten Mobilität, zum Beispiel in Gestalt des Massentourismus, völlig neue Spielräume eröffneten.

Die individuelle Mobilität, wie sie sich dann im Automobil verkörperte, war zwar zunächst eine Reaktion auf äußere Erfordernisse, doch ging die Entwicklung schon bald weit über den bloßen Sachzwang hinaus: Die fest verankerte Mobilitätsideologie bildet heute die Basis für ein ,unvernünftig' und ,irrational' wirkendes persönliches Fehlverhalten, das jenseits all dessen liegt, was die gesellschaftliche Entwicklung dem einzelnen aufnötigt und abfordert. So werden die alljährlich wiederkehrenden Autobahnstaus zu Beginn der Sommerferien, über die die Massenmedien im Stil moderner Kriegsberichterstattung zu berichten pflegen, häufig auf äußere Notwendigkeiten wie den Ferienbeginn schulpflichtiger Kinder zurückgeführt. Eine Studie des ‚Starnberger Studienkreises für Tourismus' hat allerdings gezeigt, daß diese Erklärung nicht ganz zutrifft: 1988 traten beispielsweise rund 23 Mio. Bundesbürger ihre Urlaubsreise während der Schulferienzeit an, obwohl nicht einmal 8 Mio. Urlauber (rund 33 Prozent) durch schulpflichtige Kinder oder Betriebsferien gebunden waren. Der Arbeitskreis vertrat die Hypothese, daß die wie Lemminge massenhaft und zeitgleich aufbrechenden und sich dann im Schrittempo über die Autobahn quälenden Urlauber gezielt das gemeinsame Massenerlebnis suchen, daß sie aber auch und vor allem vermeiden wollen, allein und einsam „in der abendlichen Ödnis der leergefegten Städte" zurückzubleiben.[5] Hier zeigt sich, wie sehr die individuelle und kollektive Mobilität nurmehr Ausdruck von Bindungslosigkeit ist. So gesehen, erweist sich die sozio-ökonomische Entwicklung als Nährboden kollektiver Unvernunft.

Ein ähnlicher Ausbruch irrationaler Mobilitäts- und Automobilvergötterung wurde sichtbar, als bundesdeutsche Tankstellen zum Jahresbeginn 1988 nur noch unverbleites Normalbenzin anbieten durften. Selbst der gewiß autofahrerfreundliche ADAC zeigte sich angesichts des Verhaltens zahlreicher Autobesitzer verwundert, als er folgenden Sachverhalt feststellen mußte: „Von den Autos, die bleifreies Normal ‚klaglos' vertragen, werde nur ein Drittel damit betankt, während die

Halter der anderen Fahrzeuge das zur Zeit acht Pfennige pro Liter teurere Blei-Super benutzen."[6]

Die Hintergründe einer solchen offenbar nur tiefenpsychologisch aufzuschlüsselnden Automobilitätsideologie werden wir im fünften Kapitel näher beleuchten. Einstweilen kann festgehalten werden, daß die gesellschaftliche Entwicklung mit dem Zwang zur Mobilität offensichtlich auch die zugehörige Ideologie entstehen ließ. Der soziale Automobilmißbrauch, das heißt die mehr oder minder gewaltsame Zurichtung des Gemeinwesens auf ein Transport- und Verkehrssystem, das dieses Gemeinwesen samt seiner natürlichen Um- und Mitwelt zu ruinieren droht, bildet die Grundlage für den subjektiven Mißbrauch, der allerdings weit über ihn hinausragt und – für sich betrachtet – zunächst nur ‚unverständlich' erscheinen mag.

„Motorisierung ist irgendwo auch eine Frage der Würde", stand in einer großen Tageszeitung anläßlich der Vorstellung eines neuen Automodells zu lesen.[7]

Als ob es gälte, diese vermeintliche automobile Menschenwürde mit der eher häßlichen Realität des Lebens zu konterkarieren, schilderte ein deutsches Nachrichtenmagazin nahezu zeitgleich das elende Leben polnischer Saison- und Wanderarbeiter, die – als Touristen in die Bundesrepublik eingereist – sich dort als Hilfsarbeiter verdingen. Sie verbringen diese Zeit, während der sie manchmal an einem Arbeitstag den heimatlichen Monatslohn verdienen können, in ihren Autos:

„Die Polen hausen nicht einmal, weil dafür die Voraussetzung fehlt: ein Haus, eine Baracke, ein Verschlag wenigstens. Selbst Zelte gibt es nicht, sie könnten ihnen auch nichts nüt-

zen: Als wilde Camper würden sie sofort vertrieben, und
Deutsche Mark für einen ordentlichen Campingplatz haben
sie schon gar nicht. Also leben sie in ihren Autos. Wochenlang
verbringen sie die Nächte im Sitzen, mehrere Männer in einem ‚Polonez', andere im Polski Fiat ‚126p', dem Kleinstwa-
gen. Mehr als zwei, drei Stunden Tiefschlaf sind im engen,
stickigen Auto nicht möglich. Seit es wärmer geworden ist,
lassen sie in den Nächten schon mal ein Fenster auf. Der
Nachtfrost im März hat die Männer ganz um den Schlaf gebracht. Wenn es regnet, verbringen sie am Wochenende auch
noch die Tage in ihren klapprigen Kisten."[8]

Ein extremes Beispiel, gewiß. Vielleicht wird es aber
schon bald zur Regel, wenn sich im Rahmen des europäischen Binnenmarktes die weitgehend ungelösten
nationalen Sozialprobleme plötzlich über den ganzen
Kontinent verteilen und neue ‚Mobilitätswellen' auslösen werden.

Einen Vorgeschmack auf den mit der Errichtung des
Binnenmarktes zu erwartenden Motorisierungsschub
samt seinen gefährlichen Begleiterscheinungen lieferte
der 1989 schwelende ‚Transitstreit', den die ‚Süddeutsche Zeitung' ironisch als „Alpenkrieg" bezeichnete. Mit allen Mitteln versuchen die EG-Länder, die
widerspenstigen Alpennationen Schweiz und Österreich zur Raison zu bringen, weil man dort mit Hilfe von
Mautgebühren, Nachtfahrverboten und der Festset-
zung von Lkw-Höchstgewichten die vom Durchgangs-
verkehr bewirkten Schäden für Mensch und Natur
einzudämmen versucht.

„Gemäß dem Punk-Spruch ‚Nieder mit den Alpen – für freie
Sicht aufs Mittelmeer' ist bislang in der EG noch wenig Ein-
sicht dafür zu finden, daß Wohlergehen der Menschen und
Rettung des Lebens- und Naturraumes Alpen Vorrang vor

dem Güterverkehr in der herkömmlichen Form haben müssen, zumal auf dem Boden eines Nicht-EG-Landes. Denn selbst die Zukunftsformel, den Schwerverkehr auf die Schiene zu verlagern, klingt bislang hohl: Nicht einmal die jetzigen Kapazitäten der transalpinen Bahnen werden genutzt; prozentual und absolut gehen die Schienentransporte zurück."[9]

Der „Güterverkehr in der herkömmlichen Form" sieht so aus: Am Abend lädt ein Lkw in Verona frisches Obst und Gemüse ein; soll diese Ware am nächsten Tag in der Großmarkthalle von München ihre Abnehmer finden, ist ein Nachtfahrverbot für Lastkraftwagen in Österreich natürlich nicht akzeptabel – so wohlbegründet es auch sein mag, so dringend es für den Schutz von Natur und Mensch geboten ist. Wieder einmal feiert die Mobilität um jeden Preis ihre schädlichen Triumphe.

Die ungebremste Auto-Mobilität erweist sich immer mehr als jener ‚dienstbare Geist', den der Zauberlehrling rief, und der ihn nun, weil sein Wirken nicht zu steuern ist, ins Grab zu bringen droht. Die traurige Pointe liegt darin, daß in der Alltagsrealität allenfalls noch eine Karikatur der erträumten Freizügigkeit zu spüren ist.

Im Jahr 1936 schrieb die ‚Allgemeine Automobil Zeitung': „Das Automobil, es will dem Menschen die Herrschaft über Raum und Zeit erobern, und zwar vermöge der Schnelligkeit der Fortbewegung." Heute, über 80 Jahre später, beträgt die „Schnelligkeit der Fortbewegung" mit dem Auto zum Beispiel in der Innenstadt von London im Durchschnitt 15 Stundenkilometer; sie wird mithin von jedem Fahrradfahrer mühelos überboten und erreicht nicht einmal jenen mittleren Geschwindigkeitswert, der 1898 bei der ersten Automobilwettfahrt in Deutschland auf der Strecke Berlin–Potsdam–Berlin vom Teilnehmerfeld erzielt worden ist (25,6 km/h).

Jene kollektive und individuelle Mobilität, die wir nur mit Hilfe des Automobils glauben verwirklichen zu können, ist, bei Licht betrachtet, ein Pseudofortschritt, der nur mühsam die Zwänge verbirgt, die uns der zivilisatorische Prozeß aufgebürdet hat, und denen wir, mehr oder minder resigniert und wiederum mit Hilfe des Autos, am Wochenende und in den Ferien zu entfliehen versuchen: Weil ich anders keine Arbeitsstelle mehr finde, bin ich gezwungen, jeden Tag 50 Kilometer zwischen Wohnung und Büro hin und her zu pendeln; weil der Verdrängungswettbewerb im Einzelhandel die kleinen Läden in meiner Straße vernichtet hat, muß ich ins Einkaufszentrum fahren, um mich mit Lebensmitteln zu versorgen; weil mir die Nachbarn in Haus und Stadtviertel fremd sind, drängt es mich, den Freund in 400 Kilometer Entfernung zu besuchen; weil der eigene Lebensraum verbaut, zersiedelt und mit Autostraßen zubetoniert worden ist, fühle ich mich genötigt, im Urlaub Hunderte von Kilometern zurückzulegen, um eine vermeintlich idyllische Natur genießen zu können ...

Wenn es ausnahmsweise einmal erlaubt ist, das Gemeinwesen mit einem Organismus zu vergleichen (ein Bild, vor dem man sich im Grunde hüten sollte, da es allzu oft mißbraucht worden ist), dann gleicht unser Verkehrssystem dem, was die Biologen ein ‚Extremorgan‘ nennen: ein Organ, dessen Entwicklung in so rasantem Tempo verläuft, daß das Schicksal des Individuums ausschließlich von ihm bestimmt wird, weil der Rest des Körpers gleichsam nicht mehr über die nötige Zeit verfügt, sich auf diese Entwicklung einzustellen und mit ihr zurechtzukommen. Bislang hat jedes Extremorgan seinem Träger den Untergang bereitet. Es besteht Grund zu der Annahme, daß es unserem menschlichen Gemeinwesen kaum besser ergehen wird, wenn wir unser Verkehrs- und Transportsystem weiterhin als eine Institution begreifen, deren Struktur und Funktion sich nahezu ausschließlich am Automobil orientiert.

An dieser Stelle ist es nötig, genauer zu erklären, was wir unter Automobilmißbrauch verstehen.

Mißbrauch liegt immer dann vor, wenn die Verwendung eines Gutes negative Folgen für das Individuum und/oder für die Allgemeinheit zeitigt. Alkohol ist, in Maßen genossen, gewiß eine gute Sache (das arabische Wort bedeutet ursprünglich „das Feinste"); jedoch stellt das Trinken von Alkohol eindeutig einen Mißbrauch dar, wenn danach Auto gefahren wird (soziale Gefährdung) oder wenn der Trinker an einer Lebererkrankung leidet (individuelle Gefährdung).

Gleiches gilt für das Automobil. Gewiß ist es nicht von heute auf morgen aus unserer Gesellschaft zu verbannen – ja, es könnte sogar, wenn seine Nutzung vernünftigen Einsatzkriterien folgt und wenn die sozialen Rahmenbedingungen sich grundlegend gewandelt haben, auch weiterhin eine sinnvolle Rolle als Verkehrsmittel spielen (mehr dazu in Kapitel sechs).

Damit es aber dahin kommen kann, muß der Automobilmißbrauch zunächst eingeschränkt und überwunden werden.[10] Dieser Mißbrauch hat eine soziale und eine individuelle Dimension:

Individueller Automobilmißbrauch liegt dann vor, wenn das Auto zu anderen Zwecken als zu Fortbewegung und Transport benutzt wird und wenn der Automobilgebrauch aus sozial- und umweltpolitischen Erwägungen nicht auf das aus persönlichen Gründen unabdingbare Minimum reduziert wird. Mißbrauch ist es beispielsweise, wenn ich im Auto ein Statussymbol, ein Prestigeobjekt oder gar ein Instrument der Selbstverwirklichung sehe; wenn ich das Automobil auch dann gebrauche, wenn sein Einsatz gar nicht sinnvoll ist (in der Innenstadt bin ich zu Fuß oder mit dem Fahrrad in aller Regel schneller); wenn ich bei seinem Gebrauch die von ihm verursachten Schäden gar nicht erst bedenke (und mich dementsprechend verhalte), sondern sie verdränge und verleugne.

Sozialer Automobilmißbrauch kann natürlich nicht Bestand haben, wenn es keine starke Tendenz zum individuellen Mißbrauch gibt (sonst würden die Politiker auch bei größter Ignoranz auf Dauer mit ihren automobilzentrierten Konzepten Schiffbruch erleiden). Er liegt dann vor, wenn das Verkehrssystem nahezu ausschließlich auf das Automobil zentriert ist; wenn Alternativen eingeschränkt und behindert bzw. gar nicht erst ernsthaft erwogen werden; wenn ungeachtet aller bereits bekannten Umweltprobleme und Sozialschäden der Automobilverkehr noch weiter ausgeweitet und nicht auf das absolut notwendige Minimum reduziert wird.

Beispiele dafür sind die gezielte Verknappung und Austrocknung des öffentlichen Personennahverkehrs (die wirksamste Subvention für die Automobilindustrie); der beständige Ausbau des Straßennetzes und die damit zunehmende Unmöglichkeit, wichtige Versorgungseinrichtungen (wie zum Beispiel Einkaufszentren) anders als mit dem Auto zu erreichen; die Ausweitung des Gütertransportes auf der Straße (in drastischer Form durch den EG-Binnenmarkt ab 1993).

Dieser individuelle und soziale Mißbrauch stellt eine lebensgefährliche Gesundheitsbedrohung dar. Bevor wir aber auf Heilmittel und Alternativen zu sprechen kommen, müssen wir uns zunächst Ausmaß und Entwicklung des Problems vor Augen führen.

Vor rund hundert Jahren bestand der Motorkraftwagen seine erste große Bewährungsprobe: Ohne das Wissen ihres Gatten Carl reiste Berta Benz, begleitet von ihren Söhnen Eugen und Richard, mit dem von Carl Benz konstruierten Dreiradfahrzeug von Mannheim nach Pforzheim. Nach allerlei Abenteuern telegrafierte sie dann am Ende der 120-Kilometer-Tour aus dem Pforzheimer Hotel ‚Zur Post' an den zu Hause in Mannheim wartenden Ehemann und Konstrukteur: „1. Fernfahrt ist gelungen!" Das war am 6. August 1888.

„Immer sogleich betriebsfähig! Bequem und absolut gefahrlos! Vollständiger Ersatz für Wagen mit Pferden! Erspart den Kutscher, die theure Ausstattung, Wartung und Unterhaltung der Pferde" – so warb die ‚Rheinische Gasmotoren-Fabrik Benz & Co.' noch im selben Jahr für ihr neues Produkt. Und als fünf Jahre später, im März 1893, der erste ‚Patent-Motorwagen Benz' in den Straßen von Bregenz bewundert werden konnte, berichtete die Vorarlberger Landeszeitung: „Die Fortbewegung des Wagens ist eine gleichmäßige, ruhige, und kann zu sehr großer Schnelligkeit gesteigert werden. Diese Neuheit übt einen eigentümlichen Reiz aus: Pferde unnötig, kein Scheuwerden der Rosse, kein Geschirr etc., Vorteile, die noch sehr ins Gewicht fallen werden, wenn solche Fahrzeuge erst billiger sind."

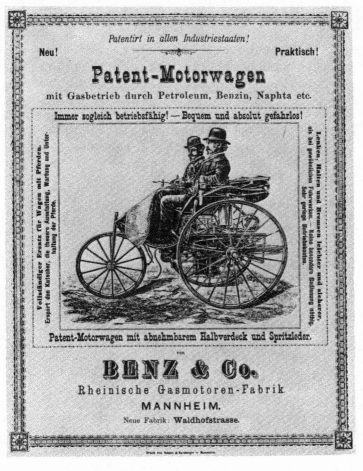

(Aus: Wolfgang Sachs, Die Liebe zum Automobil.
Reinbek 1984, S. 14)

37

Von „sehr großer Schnelligkeit" zu sprechen, war freilich etwas übertrieben: Als 1894 das erste Autorennen der Welt stattfand – es wurde bezeichnenderweise als „Internationaler Wettbewerb für Wagen ohne Pferde" angekündigt – erzielten die Teilnehmer auf der Strecke Paris–Rouen Durchschnittsgeschwindigkeiten von 18 Stundenkilometern und hätten somit einem Radrennfahrer der damaligen Zeit kaum Paroli bieten können. Was die Menschen an dem ‚Motorwagen' faszinierte, war jedoch weniger die Geschwindigkeit als die Möglichkeit motorisierter Unabhängigkeit.

Dies kam auch in jenem ersten ‚Autohandbuch' zum Ausdruck, das der Franzose Louis Baudry de Saunier 1902 veröffentlichte und in dem er die Vorzüge des Individualautomobilismus gegenüber dem Kollektivverkehrsmittel Eisenbahn gar nicht genug betonen konnte:

„Welche Freuden liegen aber in der Unabhängigkeit, die er uns verschafft; in der Befreiung von Eisenbahnanzeigern und Stundenplänen; in der Verschiedenheit der Vergnügungen, die er bietet; in den friedlichen, zwischen lachenden Feldern und blühenden Bäumen liegenden Wegen ohne Telegraphenstangen, ohne Tunnels, ohne Bahnhöfe ..."[11]

In einer anderen Publikation desselben Jahres erklärt der Autor, daß das Pferd – „ein schwacher, leicht zerbrechlicher, unausbesserbarer, gefährlicher, kostspieliger und schmutziger Motor" – durch das Automobil zum Untergang bestimmt und das Schicksal des „Hafermotors" endgültig besiegelt sei:

„Wenn der Hafer, mit dem er gespeist wird, Staub enthält, leiden seine Luftzufuhrrohre sofort Schaden und er hustet; ist das Wasser, das er ansaugt, zu kalt, so ziehen sich seine Ablaßhähne zusammen und verwickeln sich oft auf die schrecklichste Art."[12]

Sieben Jahre später konnte ein anderer Chronist deshalb mit Fug und Recht behaupten:

„Wenn einst in späterer Zeit ein Kulturhistoriker für die Epoche vom Anfang des neunzehnten bis hinaus über den Beginn des zwanzigsten Jahrhunderts die charakteristische Bezeichnung sucht, so würde er sie am treffendsten als die Epoche der großen Verkehrserrungenschaften, der großen Fortschritte der Fahrzeugtechnik, bezeichnen. Am Anfang dieser Epoche steht die Erfindung der Eisenbahn, des eisernen Dampfrosses ... und am Ende derselben Epoche beginnt das Automobil seinen Siegeslauf ... So scheint das Automobil zu vollenden, was die Eisenbahn begann, scheint das Zeitalter des Pferdes zu Ende zu gehen ..."[13]

Freilich: Bis in die zwanziger Jahre des neuen Jahrhunderts behielt das Automobil den Makel des Luxusspielzeugs für Reiche und Mächtige – eine motorisierte Kutsche des Geldadels. Schon im Ersten Weltkrieg deutete sich allerdings eine Wende an, als der Kraftwagen erstmals im großen Stil zum Güter- und Personentransport eingesetzt wurde. Die Nachkriegszeit verwirklichte dann das Ideal der Massenmotorisierung, und zwar zunächst in den USA, wo Henry Ford bereits 1913 die Fließbandproduktion eingeführt hatte. In Deutschland setzte sich die Motorisierung in den ersten sechs Jahren der Hitler-Diktatur allgemein durch. Darauf wird im nächsten Kapitel ausführlich eingegangen. Heute, hundert Jahre nach der „1. Fernfahrt" von Berta Benz, ist die Automobilgesellschaft Wirklichkeit – jedenfalls für die reichen Industrienationen der nördlichen Hemisphäre.

Für die Bundesrepublik ergibt sich folgendes Bild: In der Volkszählung vom 25. Mai 1987 wurde eine Bevölkerungszahl von 61082800 Menschen ermittelt. Auf diese 61 Mio. Menschen entfielen 36 Mio. Kraftfahrzeuge; davon waren 28,3 Mio. Personenkraftwagen – diese Werte stiegen im Folgejahr 1988 (bei sinkender Bevölkerungszahl!) auf 37 Mio. Kraftfahrzeuge bzw. 29,2 Mio. Pkws an.

1987 wurden in der Bundesrepublik 4,3 Mio. Pkws produziert (2,5 Mio., das entspricht 58 Prozent, waren für den Export bestimmt). Die Deutschen legen Wert auf neue Autos – nicht aber unbedingt auf Kleinwagen: Nur 13 Prozent der neu zugelassenen Pkws wiesen einen Hubraum von weniger als 1200 ccm auf (in Italien beträgt ihr Anteil fast 50 Prozent), 73 Prozent zählten jedoch zur Mittelklasse (1200 bis 2000 ccm Hubraum).

Auto-Welt 1988

Produktion und Export von Pkw (einschl. Kombi) in 1 000

Produktion insgesamt:

Japan	8 198
USA	7 111
Bundesrepublik Deutschland	4 346
Frankreich	3 200
Italien	1 884
Spanien	1 500
Großbritannien	1 227
Kanada	1.028
Südkorea	860

davon *Export:*

Japan	4 430
USA	665
Bundesrepublik Deutschland	2 507
Frankreich	1 830
Italien	686
Spanien	750
Großbritannien	250
Kanada	880
Südkorea	555

Quelle: Verband der Automobilindustrie · DIE ZEIT/GLOBUS

(Aus: Die Zeit, 24. 2. 1989)

40

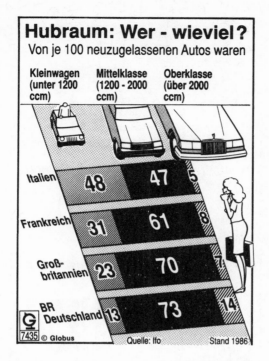

Hubraum: Wer - wieviel?
Von je 100 neuzugelassenen Autos waren

Kleinwagen (unter 1200 ccm)	Mittelklasse (1200 - 2000 ccm)	Oberklasse (über 2000 ccm)
Italien 48	47	5
Frankreich 31	61	8
Großbritannien 23	70	7
BR Deutschland 13	73	14

7435 © Globus   Quelle: Ifo   Stand 1986

Für ihre neuen und großen Autos zahlen die Deutschen allerdings auch bereitwillig eine ordentliche Summe: Der Durchschnittspreis für einen neuen Pkw belief sich 1987 auf 25300 DM, 1989 bereits auf 28000 DM (+ 11 Prozent in 2 Jahren)[14]; für einen Gebrauchtwagen wurden durchschnittlich immerhin noch 8700 DM bezahlt. Pro Arbeitnehmerhaushalt entstanden 1987 durch Haltung und Wartung eines Automobils monatliche Durchschnittskosten von 489 DM, wobei der Wertverlust mit geschätzten 219 DM pro Monat, das heißt mit einem Anteil von rund 45 Prozent, zu Buche schlägt. Das Automobil kostet also im Schnitt 5868 DM/Jahr. Bedenkt

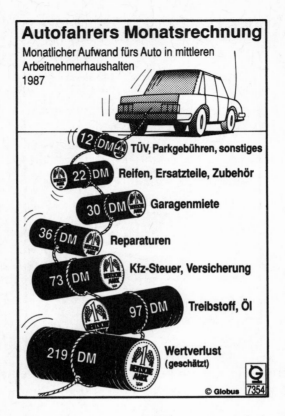

Autofahrers Monatsrechnung

Monatlicher Aufwand fürs Auto in mittleren Arbeitnehmerhaushalten 1987

12 DM — TÜV, Parkgebühren, sonstiges

22 DM — Reifen, Ersatzteile, Zubehör

30 DM — Garagenmiete

36 DM — Reparaturen

73 DM — Kfz-Steuer, Versicherung

97 DM — Treibstoff, Öl

219 DM — Wertverlust (geschätzt)

© Globus 7354

man, daß der Nettojahresverdienst pro Arbeitnehmer 1987 im Durchschnitt 25 820 DM betrug, bedeutet dies, daß ungefähr 23 Prozent, also fast ein Viertel des Einkommens, in das Auto investiert wird. Rechnen wir, leicht gerundet, mit 500 DM Monatskosten und 30 Mio. Personenkraftwagen, so hätten die Bundesdeutschen im Jahr 1987 180 Mrd. DM für ihr Lieblingsspielzeug ausgegeben, rund 3000 DM pro Kopf der Bevölkerung, vom Säugling bis zum Greis ...

Und worin besteht der Gegenwert für diese ungeheure Investition? Rund 450 Mrd. „Personenkilometer" wurden mit dem privaten Pkw zurückgelegt; dabei benutzten 54 Prozent ihr Auto für die Fahrt zur Arbeit und 67 Prozent für die Urlaubsreise.

Auch hier zeigt sich die bundesdeutsche Vorliebe für das Auto: Beim Personenverkehr – sei es für den Weg zum Arbeitsplatz oder für die Fahrt in den Urlaub – hat sich das Automobil eine dominierende Stellung erkämpft und, abgesehen vom Flugzeug, allen anderen

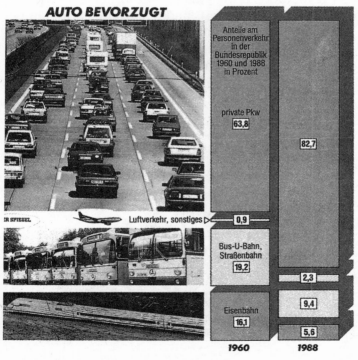

AUTO BEVORZUGT

Anteile am Personenverkehr in der Bundesrepublik 1960 und 1988 in Prozent

private Pkw
63,8

82,7

Luftverkehr, sonstiges ▷ 0,9

Bus-U-Bahn, Straßenbahn
19,2

2,3

Eisenbahn
16,1

9,4

5,6

1960　　**1988**

(Aus: Der Spiegel, Nr. 6/1989)

43

Verkehrssystemen schwindende Marktanteile aufgenötigt, und zwar in weit höherem Maße als in anderen Ländern: Fuhr der Schweizer Bürger 1987 1570 Kilometer mit der Bahn, der Franzose 1075 und der Österreicher immerhin noch 977 Kilometer, so entfielen auf den Bundesbürger gerade 762 Kilometer Bahnfahrt. Auch hierin zeigt sich die besondere Affinität der Bundesdeutschen zu ihrem Kultobjekt Automobil. Aber: Die 8196 Kilometer, die jeder Bundesbürger 1987 statistisch-theoretisch mit dem Automobil zurückgelegt hat (pro Pkw bedeutet das eine mittlere Jahresfahrleistung von rund 14 000 Kilometern), mußte er mit 65 Stunden bezahlen, die er sinnlos im Stau gesteckt hat. Und: 1987 gab es beinahe 2 Mio. gemeldete Autounfälle; dabei wurden 425 000 Menschen verletzt und zum Teil schwer verstümmelt; 7967 Menschen haben den Tod gefunden, unter ihnen 387 Kinder; 40 904 Kinder sind bei Verkehrs-

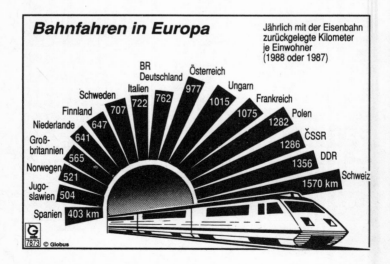

Bahnfahren in Europa

Jährlich mit der Eisenbahn zurückgelegte Kilometer je Einwohner (1988 oder 1987)

Schweden 707
BR Deutschland 762
Italien 722
Österreich 977
Ungarn 1015
Frankreich 1075
Finnland 647
Niederlande 641
Polen 1282
Großbritannien 565
ČSSR 1286
Norwegen 521
DDR 1356
Jugoslawien 504
Schweiz 1570 km
Spanien 403 km

7873 © Globus

unfällen verletzt worden, 455 Kinder pro 100 000 Einwohner (in den Niederlanden lag die Zahl für das Jahr 1987 bei 195, in Großbritannien bei 396).

Schon die reinen Betriebskosten, die realistisch auf 50 Pfennig pro Kilometer geschätzt werden müssen, widerlegen die Legende, daß das Auto ein billiges Verkehrsmittel sei (es handelt sich hierbei um eine ideologisch motivierte Selbsttäuschung, die darauf beruht, daß meist nur mit den reinen Treibstoffkosten kalkuliert wird). Bedenkt man, daß somit eine 1000-Kilometer-Fahrt, beispielsweise also die Strecke Hamburg–München, 500 DM kostet, so ist auch für zwei Personen die Bahnfahrt, einschließlich Taxi zum Bahnhof und Essen im Speisewagen, deutlich preisgünstiger. Bei einem solchen Preisvergleich müßte allerdings berücksichtigt werden, daß die Benutzung des Automobils immer preiswerter erscheint als sie wirklich ist, weil es sich hierbei um ein hochsubventioniertes Verkehrsmittel handelt. Die Bundesbahn muß Schienennetz und Bahnhöfe selbst unterhalten und die Kosten hierfür mit dem Beförderungsentgelt in Rechnung stellen – Autobahnen und Bundesstraßen werden dem Autofahrer gratis zur Verfügung gestellt, weil der Staat Bau und Betrieb aus Steuermitteln finanziert (der Jahresetat des Verkehrsministeriums 1990, soweit derzeit geplant, beläuft sich auf 25,3 Mrd. DM; das entspricht 410 DM pro Bundesbürger oder aber 1000 DM pro Pkw). Müßten – wie bei der Bahn – die Kosten des Straßenverkehrs von den Verkehrsteilnehmern aufgebracht werden, wäre ein deutlicher Preisschub die Folge. Stellen wir uns eine Straßenverkehrs-GmbH vor, der Autobahnen und Bundesstraßen gehören, und die dieses Wegenetz, das sie gebaut hat und unterhalten muß, den Autofahrern gegen kostendeckende Benutzungsgebühren zur Verfügung stellt: Erst dann träte zutage, wie teuer Autofahren wirklich ist. Unter den derzeitig gegebenen Bedingungen ergeben alle Preisvergleiche zwischen Bahn und Auto ein schiefes Bild, weil der Staat in diesen Wettbewerb massiv zugunsten des Autos und zum Nachteil der Bahn eingegriffen hat und weiter eingreift.

Noch ungünstiger für den Automobilbenutzer sähe die Rechnung aus, wenn, dem Verursacherprinzip fol-

Das Auto bleibt der Deutschen liebstes Kind

F. S. **Berlin** (Eigener Bericht) – Mit einem Bestand von 29,8 Millionen Pkw fahren in der Bundesrepublik heute bereits mehr Automobile, als vom Deutschen Institut für Wirtschaftsforschung (DIW), Berlin, vor zehn Jahren vorausgesagt worden war. Der Zuwachs gegenüber 1979 beträgt 7,2 Millionen. Der Motorisierungsgrad liegt bei 487 Pkw je 1000 Einwohner – 1979 waren es erst 367. Zum Vergleich: In den USA lag der Motorisierungsgrad 1987 bei rund 560, in Japan bei 241 Autos je 1000 Einwohner. Für das Jahr 2000 rechnet das DIW mit 34 Millionen Pkw in der Bundesrepublik und für 2010 mit einem Bestand von 34,6 Millionen. Halte die derzeitige Zuwanderungswelle unvermindert an, meint das Institut, könnten es dann sogar 36 Millionen Pkw sein.

Der Motorisierungsgrad nimmt also weiter zu und wird 556 Pkw je 1000 Einwohner (2000) bzw. 593 (2010) erreichen. Vier Fünftel aller Haushalte werden um

die Jahrhundertwende zumindest über einen Pkw verfügen, jeder fünfte Haushalt wird dann zwei oder mehr Wagen haben.

Mit einem geregelten Katalysator seien dann vier von fünf Pkw in der Bundesrepublik ausgestattet. Das führe zwar zu einer erheblichen Verminderung der schädlichen Emissionen, aber der Ausstoß an klimarelevanten Kohlendioxiden werde nicht geringer, meint das DIW.

Das Institut spricht sich deshalb dafür aus, konsequent zu versuchen, die mit dem Auto zurückgelegten Wege auf andere Verkehrsmittel zu verlagern, zu verkürzen oder unnötig zu machen. Die Einnahmen aus speziellen Energieverbrauchsteuern, wie eine höhere Mineralölsteuer und spezifische Schadstoffabgaben, müßten genutzt werden, um den öffentlichen und den nichtmotorisierten Verkehr so zu fördern, daß diese zu einer wirklichen Alternative für den Autofahrer würden. „Für viele sind sie es heute nicht", resümiert das DIW.

(Aus: Süddeutsche Zeitung, 7. 9. 1989)

gend, die Kosten der vom Autoverkehr verursachten Umweltschäden auf dessen Betriebskosten aufgeschlagen würden. Umweltschäden lassen sich freilich schwer quantifizieren, was ihre Verleugnung und Verdrängung ungemein erleichtert; es gibt allerdings ernstzunehmende Untersuchungen, die sie auf 100–140

46

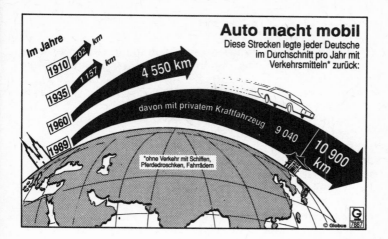

Auto macht mobil
Diese Strecken legte jeder Deutsche im Durchschnitt pro Jahr mit Verkehrsmitteln* zurück:

Im Jahre

1910 — 702 km
1935 — 1 157 km
1960 — 4 550 km
1989 — 10 900 km

davon mit privatem Kraftfahrzeug 9 040

*ohne Verkehr mit Schiffen, Pferdedroschken, Fahrrädem

© Globus 7887

Mrd. DM pro Jahr veranschlagen (was rund der Hälfte des Bundesetats entspricht). Würden diese Lasten auf die Betriebskosten des Schadenverursachers, des Automobils, umgeschlagen, also beispielsweise auf die Mineralölsteuer umgelegt – der Kilometer Autofahrt würde mindestens 1 DM, die Fahrt Hamburg–München und zurück also fast 2000 DM kosten und damit rund 80 Prozent des Nettomonatsverdienstes des Durchschnittsarbeitnehmers entsprechen (siehe oben).

Müßten für die Benutzung des Automobils also Preise bezahlt werden, die den verursachten Kosten zumindest näherungsweise entsprechen – es würden gewiß weniger Automobile gekauft und die vorhandenen vernünftiger genutzt.

Anmerkungen

1 Der Papst soll auf diesen Zwischenfall mit einem saftigen Fluch reagiert haben. Zitiert nach: A. Borst: Lebensformen im Mittelalter. Frankfurt, Berlin, Wien 1979, S. 155f.

2 Zit. nach W. Minaty (Hrsg.): Die Eisenbahn. Frankfurt a.M. 1984, S. 59f.

3 Süddeutsche Zeitung, 19.10.1988.

4 Süddeutsche Zeitung, 26.6.1989.

5 Süddeutsche Zeitung, 27.6.1989.

6 Mainzer Allgemeine Zeitung, 29.1.1988.

7 Frankfurter Allgemeine Zeitung, 23.5.1989.

8 „Ostelbiens Junker waren menschlicher" – Der Spiegel Nr. 25/1989.

9 Süddeutsche Zeitung, 3.6.1989.

10 Genau dies meinte Otl Aicher, als er von der „schwierigen Verteidigung des Automobils gegen seine Anbeter" sprach. Vgl. Otl Aicher: Kritik am Auto. Schwierige Verteidigung des Autos gegen seine Anbeter. München 1984.

11 Louis Baudry de Saunier: Praktische Ratschläge für Automobilisten. Wien, Pest, Leipzig 1902, S. 26.

12 Ders.: Grundbegriffe des Automobilismus. Wien, Leipzig 1902, S. 7.

13 Theo Wolff: Vom Ochsenwagen zum Automobil. Leipzig 1909, S. 159f.

14 Motorwelt, 9/89.

Ein besonderes Objekt
der Begierde
Die Deutschen und ihr Automobil

Sind die Deutschen besonders unverbesserliche Autonarren? Dafür spricht einiges: In keinem anderen europäischen Land darf auf den Autobahnen – trotz derzeit wieder ansteigender Unfall- und Verkehrstotenzahlen – ohne Tempolimit gefahren werden; in keinem anderen Land wird – trotz wachsender Belastung des Familieneinkommens – ein derart großer Anteil auf die Anschaffung eines prestigeträchtigen Mittel- oder Oberklassenfahrzeugs verwendet. Deutsche Minister polemisieren gegen Verkehrsbeschränkungen in den Alpenländern, wie sie sich ein Jahr zuvor über die in Italien zunächst versuchsweise eingeführten Geschwindigkeitsbegrenzungen ereifert hatten: Im Sommer 1988 wurde auf der Apenninenhalbinsel die zuvor zulässige Höchstgeschwindigkeit von 140 auf 110 Stundenkilometer gedrosselt.

„Da erhob sich" – so kommentierte damals eine Wochenzeitung – „diesseits der Alpen ein fürchterliches Zetermordio: Ausgerechnet die temporauschigen Devisenbringer aus Deutschland sollten sich im Urlaub stoppen und ausplündern lassen – von als Carabinieri verkleideten Straßenräubern?"[1]

Die positiven Folgen der italienischen Maßnahme wurden jenseits der Alpen vorsichtshalber gar nicht erst zur Kenntnis genommen – weder von Verkehrsminister Warnke noch von seinem Amtsnachfolger Zimmermann: Beide betonten immer wieder, eine Tempobeschränkung auf deutschen Autobahnen komme nicht in Frage. Dabei wurden in Italien mit der Geschwindigkeitsbegrenzung durchaus gute Erfahrungen gemacht: Im Vergleich zum Vorjahreszeitraum „hat es 1988 auf Italiens Straßen 569 Tote weniger gegeben: 17366 Menschen blieben Verletzungen und vielen von ihnen für den Rest ihres Lebens nicht wieder zu behebende Verstümmelungen erspart."[2] Die Zahl der Verkehrsunfälle hatte sich um über 35000 verringert.

Daß dann in Italien im Herbst 1989 nach langem Drängen der Autolobby doch wieder das „gespaltene" Tempolimit eingeführt wurde (maximal 110 km/h für Fahrzeuge unter 1,1 Liter Hubraum, maximal 130 Stundenkilometer für alle anderen) ist ein trauriger Rückschlag, ändert aber nichts an den eindeutigen Fakten.

Kontrastieren wir das mit den bundesdeutschen Verhältnissen: Daß bei uns – anders als in Italien – die Unfall- und Todesziffern wieder steigen, wurde bereits erwähnt: 8213 Verkehrstote 1988 (7967 im Vorjahr, Anstieg + 3,1 Prozent); 448000 Unfallverletzte (425000 im Vorjahr, + 5,6 Prozent); 2022000 Unfälle gegenüber knapp 2000000 im Vorjahr (+ 2,3 Prozent). Im Januar 1988 hatte eine Untersuchung des Deutschen Institutes für Urbanistik ergeben, daß das Risiko, im Straßenverkehr zu verunglücken, für Bewohner der Bundesrepublik Deutschland rund doppelt so hoch veranschlagt werden muß wie für Dänen, Schweden, Niederländer oder Italiener.[3] Und auch, was die Gefährdung von Kindern im Straßenverkehr anbelangt, nimmt die BRD eine traurige Spitzenposition in Europa ein. Die Zahl der im Straßenverkehr getöteten Kinder ist zwar erfreulicherweise von 387 im Jahre 1987 auf 359 1988 zurückgegan-

gen (sicher vor allem eine Folge der Rücksitzanschnall-
pflicht); die Zahl der bei Unfällen verletzten Kinder ist
aber insgesamt drastisch gestiegen – um fast 2000 auf
42 725 (1987: 40 904), was den Gesamttrend zur gesteigerten Unfallhäufigkeit deutlich unterstreicht.[4]

Warum ist das so? Gewiß, Automobilmißbrauch individueller und gesellschaftlicher Art ist ein weltweit
verbreitetes Phänomen mit globalen Folgen – warum
aber weist es in der Bundesrepublik diese besondere
affektive Tönung, diese ungewöhnlich aggressive Note
auf?

Bevor wir diese Frage eingehend untersuchen, noch ein
letztes kurzes Schlaglicht auf die „deutschen Autover-
hältnisse" der Gegenwart: Am 23. September 1989
konnte man in der Zeitung lesen, daß Verkehrsminister
Zimmermann ein Tempolimit wieder einmal „katego-
risch" abgelehnt hatte. Am selben Wochenende war
dann im Fernsehen zu sehen, daß es auf den bayeri-
schen Autobahnen wieder einmal zu Massenkarambo-
lagen kam, in die über 300 Fahrzeuge verwickelt waren:
„Bayerns Autobahnen wurden zum Schrottplatz" kommentierte die ‚Süddeutsche Zeitung'. Die Polizei sprach
von einer „miserablen Verkehrsmoral". Ursache der
Unfallserie mit 26 Schwerverletzten und einem Schaden
in Millionenhöhe: „Nichtangepaßte Geschwindigkeit
und überdichtes Auffahren . . ."[5]

Wenn wir die Zeit vor dem Beginn des Zweiten Welt-
kriegs betrachten, fällt auf, daß man in den Jahren 1937
und 1938 im damaligen Deutschen Reich über 8000 Verkehrstote pro Jahr zählte – das ist exakt jener traurige
‚Todespegel', der 50 Jahre später erneut erreicht wird.
Bildet eine hohe Zahl von Verkehrstoten gar ein Konti-

nuitätsmoment in der deutschen Geschichte des 20. Jahrhunderts? Dieser Eindruck könnte entstehen. Die Staatsführung – erklärte Joseph Goebbels in einer im Sommer 1938 gehaltenen Rede – sei angesichts von 8000 Verkehrstoten und 160000 Schwerverletzten pro Jahr entschlossen, „der leichtfertigen und verantwortungslosen Auffassung über die Verkehrsunfälle mit dem heutigen Tage den erbarmungslosen Kampf anzusagen ...“[6]

Der am 1. September 1939 entfesselte Krieg, der Überfall auf Polen, die Beschlagnahmung der Kraftfahrzeuge und die Treibstoffrationierung im Rahmen der Kriegswirtschaft, all dies ließ das Problem der Verkehrstoten dann jäh von der Tagesordnung verschwinden. Dennoch bleibt der erstaunliche Umstand, daß es in der Zeit davor zu einer derart hohen Zahl von Opfern gekommen war.

Wenn es im „Dritten Reich“ 1938 ebensoviel Todesopfer im Straßenverkehr gab wie 50 Jahre später innerhalb der Grenzen der Bundesrepublik, so darf dabei nicht vergessen werden, daß man zum damaligen Zeitpunkt 3,2 Mio. Kraftfahrzeuge (davon 1,3 Mio. Pkw) zählte – gegenüber 29,2 Mio. Pkw in der Bundesrepublik des Jahres 1988!

Offensichtlich erlagen die Deutschen schon damals ihrem ausgeprägten Drang zu Höchstgeschwindigkeit, Raserei und Risiko – einem Drang, der sie, wie es scheint, bis zum heutigen Tag durch das 20. Jahrhundert begleitet hat. Im demselben Jahr, in dem Goebbels den „erbarmungslosen“ Kampf gegen die Verkehrsunfälle ankündigte, feierte der Geschwindigkeitskult neue Triumphe: Der Rennfahrer Rudolf Caracciola erzielte auf der ‚Reichsautobahn‘ mit seinem Mercedes-Benz einen neuen Weltrekord – 435 Kilometer in der Stunde! Der Führer gratulierte. Es war dies die Zeit der legendären Mercedes-‚Silberpfeile‘, der packenden, die Massen faszinierenden ‚Duelle‘ zwischen Daimler-Benz und Autounion, bei denen der später zur jugendlichen Helden- und Lichtgestalt verklärte Bernd Rosemeyer den Tod fand, als er versuchte, Caracciolas Rekord zu brechen. Am Tag seiner Beerdigung wurde Staatstrauer angeordnet – im ganzen „Deutschen Reich" wehten die Fahnen auf Halbmast.

Adolf Hitler selber war nicht weniger motorsportversessen als die Hunderttausende, die alljährlich bei den großen Rennspektakeln den Nürburgring oder die Berliner Avus säumten. Am 11. Februar 1933, noch keine zwei Wochen im neuen Amt ließ er es sich nicht nehmen, als erster deutscher Reichskanzler die in Berlin stattfindende Internationale Automobilausstellung mit seinem Besuch zu beehren. Natürlich nutzte er diesen Auftritt zu einer Rede, in der er rasch auf das zu sprechen kam,

„was in meinen Augen in der Zukunft zur Förderung dieser wohl wichtigsten Industrie zu geschehen hat: 1. Herausnahme der staatlichen Interessenvertretung des Kraftwagenverkehrs aus dem Rahmen des bisherigen Verkehrs. 2. Allmähliche steuerliche Entlastung. 3. Inangriffnahme und Durchführung eines großzügigen Straßenbauplanes. 4. Förderung der sportlichen Veranstaltungen. So wie das Pferdefuhrwerk einst sich seine Wege schuf, die Eisenbahn den dafür nötigen Schienenstrang baute, muß der Kraftwagenverkehr die für ihn erforderlichen Autostraßen erhalten. Wenn man früher die Lebenshöhe von Völkern oft nach der Kilometerzahl von Eisenbahnschienen zu messen versuchte, dann wird man in Zukunft die Kilometerzahl der für den Kraftverkehr geeigneten Straßen anzulegen haben."[7]

Daran wird deutlich, welchen Stellenwert Hitler dem Automobil einzuräumen bereit war – des rauschenden Beifalls seiner Volksgenossen konnte er sich dabei sicher sein.

Die Nationalsozialisten begannen unverzüglich mit der Verwirklichung des von Hitler in groben Zügen umrissenen Programms.

Eine der ersten Maßnahmen war die Aufhebung der bis dahin geltenden Geschwindigkeitsbegrenzungen! Dann ging es Schlag auf Schlag:
– am 10. April 1933 wurde für neu zugelassene Pkws Steuerfreiheit angeordnet;
– am 27. Juni 1933 wurde das Gesetz über den Bau der Reichsautobahnen verkündet;
– am 29. September 1933 wurde von Hitler persönlich im Süden Frankfurts der erste Spatenstich zum Autobahnbau getan.

90 000 Arbeiter und Ingenieure wirkten in der Folge an diesem Projekt mit; es wird geschätzt, daß mit Hilfe des Mammutprogramms fast 1 Million neue Arbeitsplätze geschaffen wurden (rund 120 000 davon unmittelbar im Bereich des Autobahnbaus).

Selbstverständlich hatte es Pläne für den Bau solcher Superstraßen schon vor Hitlers Zeiten gegeben – die Nationalsozialisten brauchten sie nur aus den Schubladen hervorzuholen. Dennoch läßt sich nicht bestreiten, daß im Jahr 1933 eine tiefgreifende verkehrspolitische Wende eingeleitet worden ist. Die Regierungen der Weimarer Republik hatten auf den Ausbau des Schienenverkehrs gesetzt; dem Automobil, diesem Luxusspielzeug der Reichen und Mächtigen, maßen sie keine besondere Bedeutung zu. Das wurde jetzt anders. Das

Gesetz über die Reichsautobahnen von 1933 verfügte beispielsweise, daß für den Bau der neuen Straßen etwaige Gewinne der Reichsbahn heranzuziehen seien. Der Triumph des Individualverkehrsmittels Automobil über das Massenverkehrsmittel Eisenbahn begann im Jahr 1933, und zwar mit allen Konsequenzen. Für die Nationalsozialisten war die Motorisierung der Volksgemeinschaft, waren Straßenbau und Propagierung des „Autos für alle" integraler Bestandteil ihrer populistischen Weltanschauung.

Es genügte natürlich nicht, Autobahnen zu bauen, ohne gleichzeitig die „Volksmotorisierung" voranzutreiben. 1933 existierten im Deutschen Reich nur 500 000 Pkws; die Automobilproduktion lag bei einer Stückzahl von weniger als 100 000 Fahrzeugen pro Jahr. Ein Jahr nach der Machtergreifung, auf der Automobilausstellung von 1934, richtete der Führer die folgenden Worte an sein Volk:

„Solange das Automobil lediglich ein Verkehrsmittel für besonders bevorzugte Kreise bleibt, ist es ein bitteres Gefühl, von vornherein Millionen braver, fleißiger und tüchtiger Mitmenschen, denen das Leben ohnehin nur begrenzte Möglichkeiten einräumt, von der Benutzung eines Verkehrsmittels ausgeschlossen zu wissen, das ihnen vor allem an Sonn- und Feiertagen zur Quelle eines bisher unbekannten, freudigen Glücks würde ..."[8]

Sätze wie diese wurden begeistert aufgenommen. Die verkehrspolitischen Maßnahmen der Nationalsozialisten zielten auf die Mobilität der gesamten Volksgemeinschaft. Neben die Förderung des Motorsports und den Zusammenschluß aller Motorsportvereine zum Deutschen Automobilclub (dessen Zentralorgan seit

Aktenvermerk [1]

über die Besprechung am 11. April 1934, betreffend Schaffung eines Volkswagens.

Vertreten waren die Reichskanzlei, das Reichsministerium für Volksaufklärung und Propaganda, das Reichswirtschaftsministerium und der Reichsverband der Automobilindustrie. Den Vorsitz führte Ministerialdirektor Dr.-Ing. e. h. Brandenburg.

Der Vorsitzende wies auf die Rede des Herrn Reichskanzlers anläßlich der Eröffnung der diesjährigen Internationalen Automobil- und Motorrad-Ausstellung hin. Der Führer habe der Automobilindustrie die Schaffung des Volkswagens als Ziel gesteckt. Um die gestellte Aufgabe zu lösen, müsse man sich zunächst über die Beschaffenheit des künftigen Volkswagens und die an ihn zu stellenden Anforderungen klar werden. Der Anschaffungspreis des Wagens dürfe 1000 RM und die Betriebskosten dürften 6 Rpf/km nicht übersteigen. Trotzdem müsse der Wagen betriebstüchtig sein und Raum für 3 erwachsene Personen und 1 Kind bieten.

Der Sachreferent des Reichsverkehrsministeriums erörterte hierauf die konstruktiven Möglichkeiten für den Bau eines solchen Wagens. Als eine greifbare Lösung erscheine die dreirädrige Bauart mit 2 Rädern vorn, 1 Rad hinten und Heckmotor. Als Vorteile seien hervorzuheben: symmetrischer Antrieb, gute Geländegängigkeit, geringerer Rollverlust gegenüber den vierrädrigen Wagen, kleines Gewicht, natürliche Stromlinienform.

Der Vertreter des Reichsverbandes der Automobilindustrie erklärte, daß die Industrie die Angelegenheit bereits aufgegriffen habe. Die Meinungen der Konstrukteure gingen jedoch sehr auseinander, so daß sich die Frage noch nicht abschließend beantworten lasse. Man dürfe auch das Risiko für die Industrie nicht verkennen. Völlig verfehlt sei es, der Industrie konstruktive Vorschriften zu geben. Die Lösung des Problems müsse vielmehr der Industrie überlassen bleiben. Auf Verlangen werde man der Regierung Vorschläge unterbreiten, und zwar könne dies innerhalb kürzester Frist – gewünschten Falls schon bis zum 15. Mai d. Js. – geschehen.

Der Vertreter der Reichskanzlei bestätigte die Ausführungen des Vorsitzenden. Die Industrie baue viel zu teure Wagen, die den Einkommensverhältnissen der breiten Volksschichten nicht entsprächen. Der Preis des Volkswagens dürfe nicht über 1000 RM liegen. Nötigenfalls könne das Risiko der Industrie durch reichsseitige Unterstützung vermindert werden.

Der Vertreter des Reichsministeriums für Volksaufklärung und Propaganda bezeichnete die Anregung des Reichsverkehrsministeriums zum Bau eines dreirädrigen Volkswagens als unbedingt wertvoll. Der Volkswagen müsse sich in der Anschaffung und im Betrieb billig stellen. Für einen solchen billigen Wagen würde auch eine Ausfuhrmöglichkeit bestehen.

Der Vertreter des Reichswirtschaftsministeriums erkannte das Risiko für die Industrie an. Die Industrie habe aber bisher keine hochwertigen Kleinfahrzeuge gebaut. Hier bestehe zweifellos eine Lücke. Nur auf dem Wege der Serienanfertigung könne der billige Volkswagen geschaffen werden.

Der Verbindungsoffizier im Reichsverkehrsministerium erläuterte die von seinem Standpunkt aus an einen Volkswagen zu stellenden Anforderungen.

Als Ergebnis der Besprechung würden folgende Bedingungen für die Beschaffenheit des Volkswagens festgelegt:

Sitzplätze für	5 erwachsene Personen und 1 Kind
Brennstoffverbrauch je 100 km	4 bis 5 Liter
Höchstgeschwindigkeit	80 km/h

Geländegängigkeit und Bodenfreiheit entsprechend einem starken Kraftrad mit Beiwagen.

---

1 Verfaßt in der Reichskanzlei; weder signiert noch paraphiert.

(Aus: Wolfgang Sachs, Die Liebe zum Automobil, Reinbek 1984, S. 78 – 79)

1935 „Motorwelt" hieß und dem als mächtige und einflußreiche Tochterorganisation der Partei das „Nationalsozialistische Kraftfahrtkorps (NSKK)" zur Seite gestellt wurde) trat die gezielte, umfassende Unterstützung für die Automobilindustrie. Immerhin gelang es, den Pkw-Bestand im Reich von 0,5 Mio. im Jahr 1933 auf 1,3 Mio. im Jahr 1938 zu steigern. In demselben Zeitraum wuchs die Pkw-Produktion von 92 000 auf 276.804 Fahrzeuge. Daß dabei die Exportquote bei den neu hergestellten Personenkraftwagen von 12 Prozent im Jahr 1933 auf 24 Prozent im Jahr 1938 kletterte und sich damit innerhalb von nur fünf Jahren verdoppelte, ist ebenfalls bedeutsam und belegt, daß die Nationalsozialisten eine bis heute andauernde Entwicklung in Gang gesetzt haben.

Zentralstück des nationalsozialistischen Verkehrs- und Mobilisierungsprogramms war jedoch das Projekt des „Kraft-durch-Freude-Wagens", aus dem später der (erst nach dem Krieg so benannte) VW-Käfer hervorging.

An die Entwicklung dieses Fahrzeugs wurden eine Reihe von Bedingungen geknüpft. So sollte es Sitzplätze für 5 Erwachsene und 1 Kind bieten, nicht mehr als 4 bis 5 Liter Sprit für 100 Kilometer verbrauchen, 80 Stundenkilometer Höchstgeschwindigkeit erreichen und – dies war der wichtigste Punkt – im Preis 1000 Reichsmark nicht überschreiten (das bis dahin billigste deutsche Automobil, der Opel P4, wurde für 1650 Reichsmark angeboten).

Obwohl sich die Automobilindustrie heftig gegen die Bevormundung durch derartige Vorgaben wehrte, fuhren 1938, vier Jahre nach der ersten Besprechung über das neue Fahrzeug, dank der intensiven Konstruktionsarbeit von Ferdinand Porsche bereits 30 Versuchswagen auf deutschen Straßen.

Dieses letzte Vorkriegsjahr zeigt in aller Deutlichkeit den Doppelcharakter der von den Nationalsozialisten betriebenen Mobilisierungs- und Motorisierungspolitik: 3000 Kilometer Reichsautobahn waren fertiggestellt, 30 Prototypen des „Volksgenossen auf Rädern" liefen bereits im Großversuch, der Grundstein für eine riesige neue Automobilfabrik war gelegt, der deutsche Rennfahrer Rudolf Caracciola hatte auf Daimler-Benz einen Geschwindigkeitsweltrekord von 434 Stundenkilometern erzielt – aber neben all diesen Erfolgen, die sich gewiß einer so großen Popularität erfreuten wie sonst kaum eine Maßnahme der nationalsozialistischen Regierung, stand die erschreckende Zahl von 8000 Verkehrstoten!

Der „Führer" des „Nationalsozialistischen Kraftfahrtkorps", Adolf Hühnlein, den Hitler während der gemeinsamen Festungshaft in Landsberg am Lech kennengelernt hatte, sah sich schon 1935 zu deutlichen Mahnworten gezwungen:

„Die Unfallziffer steigt ständig weiter. Wir können die Geister, die wir gerufen haben, kaum mehr meistern. Ich bin bestimmt ein fanatischer Mitkämpfer für den Volkswagen, aber zur Zeit fühle ich mich fast glücklich, diesen Wagen nicht auch noch auf unseren Straßen zu wissen."[9]

Hitler dagegen strahlte ungebrochenen Optimismus aus. Auf der Automobilausstellung des Jahres 1938 erklärte er:

„Die Jugend vor allem erliegt diesem Zauber. Sie erlebt den Triumph des Motors mit dem ganzen Temperament ihrer noch eindrucksfähigen heißen Herzen. Es ist dies auch ein Zeichen der frischen Kraft unseres eigenen Volkes, daß es sich in richtigem Fanatismus jenen Erfindungen hingibt, die unserem heutigen Verkehr die Grundlage und Gestaltung geben."

Und weiter führte Hitler aus:

„Es ist kein Zweifel, daß die Sehnsucht nach der Maschine und besonders nach dem Motor bei vielen Millionen Volksgenossen vorhanden ist. Sorgen wir also dafür, daß durch eine gewaltige Zahl billiger deutscher Volkswägen in der Zukunft der Wunsch jener befriedigt wird, die aus Liebe, Lust zum Kraftwagen bereit sind, einen Teil ihres Einkommens dafür anzulegen. Damit wird vor allem der Kraftwagen als solcher aufhören, das Kennzeichen einer bestimmten Schicht von Einkommensträgern zu sein, er wird immer mehr zu einem allgemeinen Verkehrsmittel des ganzen deutschen Volkes. Dann wird auch jene gewaltige Propaganda nicht umsonst sein, die wir für die Motorisierung unseres Volkes sachlich und ideell leisten. Sachlich durch den Bau der besten Straßen der Welt und ideell durch eine sportliche Betätigung, die den Ruhm unserer deutschen Motoren-, Wagen- und Kraftradfabrikation in der ganzen Welt wiederhergestellt hat."[10]

Am 20. Mai 1938, ein Vierteljahr nach dieser Rede, erfolgte die Grundsteinlegung für das neue Automobilwerk nahe des kleinen Ortes Fallersleben – die weltgrößte Kfz-Fabrik unter einem Dach sollte hier entstehen, denn nur mit der von Henry Ford (den Hitler sehr bewunderte) konzipierten Fließbandtechnik konnte der „Kraft-durch-Freude-Wagen" so billig produziert werden, wie es die Planung vorsah.

Allerdings wurden dann – ab 1940 – in Wolfsburg erst einmal Kübelwagen für die deutsche Wehrmacht gefertigt; KZ-Häftlinge, von denen viele diesen Einsatz nicht überlebten, stellten das Gros der Arbeitskräfte – das „Dritte Reich" hatte den lange geplanten Krieg nach innen und nach außen begonnen.

Erst nach Kriegsende begann man in Wolfsburg wirklich Autos „fürs Volk" zu produzieren – seit dem Sommer 1945 und zunächst im Auftrag der britischen Militärregierung. Die Geschichte des Wiederaufbaus und des „Wirtschaftswunders" in der Bundesrepublik ist von Anfang an eng mit der Automobilindustrie verknüpft. 1948 hatten 25000 „Käfer" das Stammwerk verlassen, 1950 waren bereits 100000, 1953 500000 und 1955 die erste Million Volkswagen hergestellt worden – die Tagesproduktion überschritt jetzt, im sechsten Jahr der Bundesrepublik, die 1000-Stück-Grenze. Die 336668 Sparer jedoch, die, dem Führerruf folgend, insgesamt 280 Mio. Reichsmark für den ‚KdF-Wagen' gespart hatten, ohne dafür auch nur eine Radkappe zu erhalten, prozessierten noch lange (und erfolglos) gegen die jetzt als „Volkswagenwerk" firmierende Fabrik, für deren Produkt Hitler 1938 die Werbetrommel gerührt hatte.

Hitlers Programm blieb ein uneingelöstes Versprechen: Auf den Reichsautobahnen rollten ab 1939 vor allem die Militärkolonnen, und vom ‚KdF-Wagen' hat keiner der Sparer je mehr als ein Foto gesehen. Aber die Politik Hitlers schuf, was das Verkehrswesen betrifft, nicht nur die Basis für den späteren Boom der aus Schutt und Asche wiederentstehenden Bundesrepublik – sie gab diesem mit deutschem Fleiß und massiver Auslandshilfe betriebenen Wiederaufschwung zugleich Ziel und Richtung. Daß schon kurz nach Kriegsende in Wolfsburg, direkt an der ‚Zonengrenze', die von Hitler

(Grundsteinlegung im Volkswagenwerk bei Fallersleben.
Ullstein Bilderdienst, Berlin; Foto: Blume)

versprochenen Volkswagen jetzt wirklich vom Band liefen und die Autobahnen bevölkerten – war das nicht die Inkarnation des deutschen „Neu"anfangs, des ‚Wirtschaftswunders'? Es war ein Stück deutscher Geschichte, auf das man immer noch und trotz allem stolz sein konnte und zugleich ein deutlicher Fingerzeig auf die Überlegenheit der westlichen Lebensform, mit der sich jetzt alle identifizierten. Der Aufstieg der (bundes)deutschen Automobilindustrie und die jetzt endlich Wirklichkeit gewordene Motorisierung erwiesen sich bald als tragender Balken in der ansonsten eher luftigen Konstruktion des westdeutschen Nachkriegs-Selbstbewußtseins. „Wohlstand für alle" hatte Ludwig Erhard für den Fall versprochen, daß viel gearbeitet und wenig nachgedacht würde, und sein trotziger Satz „Wir sind

(Goggomobil, aus: Hermann Glaser, Das Automobil. München 1986, S. 173)

wieder wer" war gewiß so recht aus deutschem Herzen gesprochen.

Seit den Anfangstagen der Republik bildete das Automobil einen unverzichtbaren Bestandteil des Selbstwertgefühls. Von einer Welle der Begeisterung getragen erreichte der Boom der bundesdeutschen Automobil-Autonomie in den 50er Jahren seinen ersten Höhepunkt. 1960 wurde die 10-Millionen-, 1970 die 20-Millionen-Pkw-Schallmauer durchbrochen. Wer kennt sie heute noch, die vielen – längst zu begehrten und teuren Sammlerstücken gewordenen – Kleinst- und Kleinwagen wie den Messerschmidt-Kabinenroller von 1953, der zwei Personen Platz bot und bei 175 Kubikzentimeter Hubraum 2375 Mark kostete, das Goggomobil, die BMW-Isetta, den Zündapp-Janus und all die anderen neuen Motorfahrzeuge ... vom Victoria-Spatz über Maico und Gutbrod bis hin zum Lloyd LP 300, der wegen seiner Karosseriekonstruktion liebevoll Leukoplast-Bomber genannt wurde und von dem bis 1961 400 000 Stück verkauft worden waren: Diese Automobile waren, weit über ihre Funktion als Transportmittel hinaus, die eigentlichen Legendenfiguren und Heldengestalten des deutschen Wiederaufbaus! Über ihnen allen thronte freilich völlig unangefochten der von Hitler gewünschte und von Porsche konzipierte Volkswagen – er lief und lief und lief allen Konkurrenten davon! Schon 1951 schrieb ein zeitgenössischer Chronist: „Dieser scheinbar so selbstverständliche Volkswagen ist mehr als das Ergebnis mathematischer Beziehungen, er ist die Summe und das Symbol menschlicher Kämpfe und Leiden, ein Produkt aus Wagemut und Opferbereitschaft, aus Pflicht und Gehorsam, aber auch Bedrängnis, Not und Angst."[11]

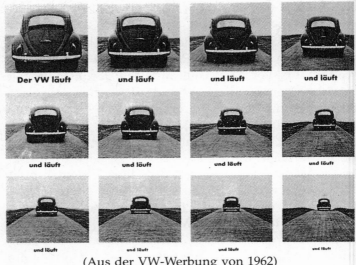

(Aus der VW-Werbung von 1962)

Damit hat der Autor gewiß recht. Ungleich stärker als in anderen Ländern scheint das Automobil in der Bundesrepublik Deutschland auch ein soziales Fluchtvehikel, ein Instrument zum Entkommen aus sozialer Verpflichtung und Enge zu sein, gleichermaßen aber auch als eine Art Imponier-Maschine zur Regelung des gesellschaftlichen Standorts und zum Erwerb von Geltung und Ansehen zu fungieren. Sozialpsychologische Dispositionen zu solchem Automobilmißbrauch – sie werden im fünften Kapitel eingehend diskutiert – gibt es freilich allenthalben und weltweit; in unserem Land scheinen sie jedoch einen Nährboden vorzufinden, auf dem sie besonders üppig gedeihen. Und die deutsche Geschichte hat, wie es scheint, den Boden wieder und wieder umgepflügt und stets aufs neue gedüngt.

Wie bereits erwähnt, geben die Bundesdeutschen einen ungleich höheren Anteil ihres Einkommens für ihr Lieblingsspielzeug Automobil aus als ihre Nachbarn. Im europäischen Vergleich gesehen, erwerben sie besonders große, leistungsstarke und teure Wagen, mit denen sie auch entsprechend schnell fahren wollen – Tempobeschränkungen sind im eigenen Land verpönt und werden im Ausland nur zähneknirschend hingenommen. Alternativen zum Automobilverkehr werden mit Verachtung bedacht. Daß die ‚öffentliche Hand‘, so sehr sie das Auto fördert, zugleich den öffentlichen Personennahverkehr verkümmern läßt (während andere Regierungen ihn auszubauen und seine Attraktivität zu steigern suchen, was beispielsweise in der Schweiz mit recht beachtlichem Erfolg gelungen ist), stößt kaum auf nennenswerten politischen Widerstand.

Anders verhält es sich mit dem Benzinpreis, der so niedrig ist wie in kaum einem anderen Land. Als die SPD im Juli 1989 mit dem Vorschlag an die Öffentlichkeit trat, die Kraftfahrzeugsteuer auf den Benzinpreis umzulegen – eine Maßnahme, die ein auch nur halb-

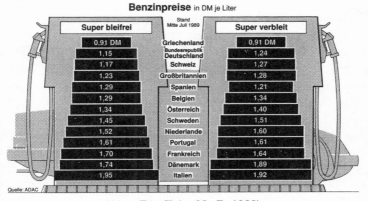

Benzinpreise in DM je Liter

Stand Mitte Juli 1989

Super bleifrei		Super verbleit
0,91 DM	Griechenland	0,91 DM
1,15	Bundesrepublik Deutschland	1,24
1,17	Schweiz	1,27
1,23	Großbritannien	1,28
1,29	Spanien	1,21
1,29	Belgien	1,34
1,34	Österreich	1,40
1,45	Schweden	1,51
1,52	Niederlande	1,60
1,61	Portugal	1,61
1,70	Frankreich	1,64
1,74	Dänemark	1,89
1,95	Italien	1,92

Quelle: ADAC

(Aus: Die Zeit, 28. 7. 1989)

65

wegs konsequent angewendetes Verursacherprinzip schon lange erfordert hätte: denn wer in seinem Motor viel Benzin verbrennt, erzeugt dementsprechend mehr Schadstoffe –, da erntete sie harsche Kritik: So erklärte der Pressesprecher der IG Metall, dieser Vorschlag werde die Arbeitnehmer kaum „vom Hocker reißen". Auch der eigene Exminister Hans Apel äußerte sich ablehnend: die geplante Kostenumwälzung richte sich „gegen den kleinen Mann".[12]

Als ob sich eine Verringerung der Pkw-Benutzung, das heißt der Jahresgesamtfahrleistung, als letztes Endes einzig wirksame Maßnahme zur Schadstoffreduktion erzielen ließe, *ohne* das Autofahren zu verteuern!

Der Umgang mit dem Automobil folgt also keineswegs der vernunftgeleiteten Devise, dieses Transportmittel, da es nun einmal vorhanden ist, so zu nutzen, daß aus dieser Nutzung möglichst geringer Schaden für Mensch und Natur entsteht – er gehorcht vielmehr, und in Deutschland offenkundig in besonders hohem Maße[13], dem Gesetz der ‚kognitiven Dissonanz': Nur Informationen, die das Gewünschte bestätigen, werden zur Kenntnis genommen; alle ‚gegenläufigen' Tatsachen jedoch fallen der Verdrängung anheim. Dies gilt natürlich in höchstem Grade für die vom Automobil verursachten Umweltschäden, aber auch für die gesundheitsgefährdenden und lebensbedrohlichen Auswirkungen des Automobilverkehrs auf den Menschen selber – für den ‚Blutzoll', den das Gedränge und die Raserei auf den Straßen und Autobahnen seit dem Ende der 30er Jahre fordert.

Die autofreundliche, auch um den Preis hoher Gesundheitsrisiken und Umweltbelastungen zur Mißachtung aller alternativen Transport- und Verkehrsmittel fest entschlossene Regierungspolitik kann, so kurzsichtig und scheinheilig sie ist, auf Dauer nur deshalb funktionieren, weil sie von einer Art Doppelmoral getragen und gestützt wird, die tief im gesellschaftlichen Grundkonsens unserer Republik verankert ist.

Eine solche doppelte Moral prägt die offiziöse Verkehrspolitik; sie prägt aber auch das öffentliche Bewußtsein, die Kommentare in Zeitungen, Rundfunk und Fernsehen, das Gespräch im Freundeskreis und am Stammtisch, wo über drohende Geschwindigkeitsbegrenzungen gewettert und über die Gründung von ‚Auto-Parteien‘ nach Schweizer Vorbild debattiert wird.

Jedes Land hat eine Regierung, die so schlecht ist, wie seine Bürger das zulassen, sagte vor Jahren Pierre Salinger, der Pressesprecher Kennedys. Sehen wir uns deshalb diese öffentliche und regierungsamtliche Doppelmoral genauer an.

Anmerkungen

1 Die Zeit, 9.9.1988.
2 Süddeutsche Zeitung, 5.1.1989.
3 Süddeutsche Zeitung, 15.1.1988.
4 Süddeutsche Zeitung, 14.10.1989.
5 Süddeutsche Zeitung, 25.9.1989.
6 Zit. nach: Die deutsche Kraftfahrt, Heft 7/1938.
7 In: Die Straße 1939, S. 242.
8 In: Völkischer Beobachter, 9.3.1934.
9 Deutsche Kraftfahrt, Heft 15/1935 – Sprachforscher haben darauf hingewiesen, daß die Nationalsozialisten Begriffe und Worte, die sich zuvor durch einen eher negativen Beigeschmack auszeichneten, zu positiven Werten erhoben –

etwa die Worte „fanatisch" (hier zitiert bei Hitler und Hühnlein) oder „erbarmungslos" (Goebbels).

10 Hitler wird zitiert nach Max Domarus, Hitler: Reden und Proklamationen 1932–1945, kommentiert von einem deutschen Zeitgenossen. Würzburg 1962.
11 Zit. nach Siegfried Reinecke: Mobile Zeiten. Bochum 1986, S. 125.
12 Beides zitiert nach: Süddeutsche Zeitung, 21.7.1989.
13 Das Material, das wir in diesem Buch vorlegen, bezieht sich größtenteils auf den verkehrspolitischen Alltag in der Bundesrepublik. Darüber hinaus scheinen uns jedoch Autoverliebtheit ebenso wie Tempowahn und Risikobereitschaft durchaus ein ‚gesamtdeutsches' Phänomen zu sein. In der DDR – in der die Zahl der Unfälle und der Verkehrstoten 1988 drastisch gestiegen ist – scheint es eher an der Möglichkeit als an der Bereitschaft zu mangeln, bundesdeutsche Verkehrsverhältnisse zu verwirklichen.

Für viele wichtige Anregungen zu diesem Kapitel sind wir Frank Fabel, Berlin, zu Dank verpflichtet.

Rechtsfreier Raum Straße

Die doppelte Moral
der offiziellen Verkehrspolitik

Wer erinnert sich nicht an die in Fernsehen, Funk und Druckmedien weidlich ausgeschlachtete Szenerie: Protestierende Lkw-Fahrer blockieren 1984 auf österreichischer Seite die zum Grenzübergang Brenner führende Autobahn. Der damalige bayerische Ministerpräsident Strauß eilt flugs zum Ort des Geschehens – aber nicht etwa, um zum Abbruch der rechtswidrigen Aktion aufzurufen, sondern um seine Solidarität mit den Protestierern zu bekunden – und so läßt sich der Landesvater denn auch in Triumphpose ablichten, umringt von begeisterten Lkw-Fahrern. Wenige Jahre später, kurz vor seinem Tod, machte derselbe Politiker noch dadurch von sich reden, als er der Schar der Privatpiloten (der er selber angehörte) eine Steuerbefreiung bei Flugbenzin zugute kommen lassen wollte.

Eine Straßenblockade stellt nach gängiger juristischer Lehrmeinung eine Nötigung der anderen Verkehrsteilnehmer dar; nach höchstrichterlichem Spruch ist, wenn es zu einer Anklage kommt, jeweils im Einzelfall zu prüfen, ob die der Tat zugrundeliegenden Motive verwerflich sind oder nicht. Wenn Angehörige der Friedensbewegung vor Gericht erscheinen müssen, weil sie Raketenbasen oder Chemiewaffendepots blockiert haben, entscheidet sich immer noch die Mehrheit der Gerichte für die Annahme einer solchen Verwerflichkeit; oft werden hohe Geldstrafen, ersatzweise Haft, verhängt. Im Fall der Lkw-Fahrer, die seinerzeit die Brenner-Autobahn blockiert hatten, ist es allerdings gar nicht erst zu einer Anklage gekommen. Kein einziger Teilnehmer an der Protestaktion wurde jemals belangt, geschweige denn gerichtlich verurteilt.

Zweierlei Maß? Allerdings – und zugleich ein an Deutlichkeit kaum überbietbarer Hinweis auf die doppelte Moral der regierungsamtlichen Verkehrspolitik, wie sie in dieser Republik leider immer noch betrieben wird.

Ein fast schon tolldreistes Stück aus demselben Schmierentheater war dann jener heute bereits legendäre TÜV-‚Großversuch‘, mit dem die Auswirkungen eines Tempolimits auf den Autobahnen auf die Schadstoffemissionen des Automobilverkehrs untersucht werden sollten. Um das von höchster Stelle gewünschte Ergebnis (keine nennenswerte Schadstoffreduzierung bei einer vorgeschriebenen Höchstgeschwindigkeit) präsentieren zu können, wurde bei der Auswertung der erhobenen Daten einfach angenommen, es würde sich – sollte ein solches Tempolimit in der ganzen Bundesrepublik verfügt werden – ein rundes Drittel der Autofahrer ohnehin nicht an die gebotene Geschwindigkeitsbegrenzung halten.

Man stelle sich vor, der damalige Innenminister Friedrich Zimmermann hätte argumentiert: Ein Vermummungsverbot ist deshalb sinnlos, weil ein Drittel der Demonstranten diese Vorschrift nicht respektieren wird! Oder man denke sich einen Gesundheitsminister, der ein neues, möglicherweise lebensrettendes Medikament mit dem Hinweis darauf vom Markt fernhält, ein bestimmter Prozentsatz an Patienten sei so verbohrt, daß er diese Pille sowieso nicht einnehmen werde ...

Hier wird offensichtlich mit gezinkten Karten gespielt. Die sonderbare Antwort, die Forschungsminister Riesenhuber gab, als er auf die Kohlendioxidemissionen der Kraftfahrzeuge angesprochen wurde, geht in dieselbe Richtung: Langfristig, so der Minister, könnten nur neue Antriebsarten oder andere Treibstoffe Abhilfe schaffen.[1] Was er bewußt verschwieg, ist, daß es angesichts der drohenden Klimakatastrophe gerade auf kurzfristige Abhilfe, ja auf Sofortmaßnahmen ankommt.

Diese sind im Prinzip ganz einfach: Je weniger Benzin und Diesel in Automotoren verbrannt wird, desto weniger CO_2 gelangt logischerweise in die Atmosphäre – und genau darauf kommt es an. Diesem Ziel kann man durch verringerte Fahrleistung, sparsamere Motoren und reduzierte Geschwindigkeit näherkommen – am besten freilich durch die Kombination aller drei Mittel: teureres Benzin, Geschwindigkeitsbegrenzung und Auflagen für die Industrie zum Bau sparsamerer Motoren. Natürlich weiß das der promovierte Chemiker Dr. Riesenhuber – und er weiß auch, daß alle drei Maßnahmen ohne großen Aufwand jederzeit zu realisieren wären. Woran es fehlt, ist der politische Wille.

Ihren Gipfel erreichen politische Heuchelei und Doppelbödigkeit, wenn wir die in der Bundesrepublik ansonsten so beliebte Meßlatte ‚Sicherheit' anlegen.

So ist zum Beispiel immer wieder von ‚innerer Sicherheit' die Rede, vom Schutz vor Terrorismus, vor Verbrechen und Gewaltkriminalität. Bundesweit wird über die Kronzeugenregelung gestritten und in Bayern der „Unterbindungsgewahrsam" verwirklicht. Selbstverständlich dient all dies und noch manches andere, so heißt es, zum Schutz der Bürger und zur Erhöhung unserer Sicherheit.

Betrachten wir die Zahlen: Im Jahr 1987 wurden in der Bundesrepublik 970 Menschen ermordet – eine schlimme Ziffer, gewiß.[2] Lebhaftes Debattieren über verbesserte und verschärfte Gesetze und Vorschriften, über wirksamere Polizeimaßnahmen usw. ist die Folge.

Allerdings: Achtmal mehr Menschen – genau 7967 – mußten im selben Jahr 1987 im Straßenverkehr ihr Leben lassen. Wird in diesem Fall ebenso über verschärfte Kontrollen, lückenlose Überwachung und strenges polizeiliches Durchgreifen nachgedacht?

Wir haben ja gehört: Gegen die schadstoffbegrenzende Wirkung eines Tempolimits ist eingewandt worden, eine Vielzahl von Bürgern würde sich ohnehin nicht an dieses Gebot halten.

Bleibt nur eine Schlußfolgerung: Minister Zimmermann, der als Innenminister nicht genug über den „rechtsfreien Raum" Hamburg/Hafenstraße wettern konnte, ist sowohl als früherer Innenminister wie später als Verkehrsminister trotz aller Parolen von Recht und Ordnung sehr wohl bereit, einen solchen rechtsfreien Raum anderswo zu dulden: im Straßenverkehr.

Bei einem Expertengespräch sei festgestellt worden, so die Zeitungen im Sommer 1988, „daß zu wenig Geld zur Verfügung stehe, um die Autofahrer wirkungsvoll zu überwachen."[3] Derselben Nachricht war zu entnehmen, daß ein Autofahrer im Durchschnitt einmal in zehn Jahren oder einmal pro 30 714 gefahrene Kilometer kontrolliert wird. Im Jahr 1989 standen der bundesdeutschen Polizei insgesamt nur 600 Geschwindigkeitsmeßgeräte zur Verfügung – für alle Bundesländer und für das gesamte Straßennetz zusammengenommen.

Statistiker haben ausgerechnet, daß mit einem Gerät somit rund 800 Streckenkilometer überwacht werden müssen – was etwa der Autobahnstrecke Stuttgart–Hamburg entspricht.[4]

Eine ähnliche öffentlich-rechtliche Fahrlässigkeit wie bei der Duldung weit überhöhter Geschwindigkeiten herrscht auch bei einer anderen Ursache von Hunderten tödlicher Verkehrsunfälle: bei Alkohol am Steuer. Es wird, wie es heißt, allenfalls eine von 300–400 Fahrten unter Alkoholeinfluß entdeckt (manche Schätzungen gehen sogar davon aus, daß höchstens einer von 600 in angetrunkenem Zustand Fahrenden von der Polizei „aus dem Verkehr gezogen" wird). Die Folgen der stillschweigenden Duldung von Trunkenheit am Steuer sind verheerend! Bei 56 Prozent, das heißt bei mehr als der Hälfte aller Unfälle mit Todesfolge stand mindestens einer der Beteiligten unter Alkoholeinfluß! Professor Arno Müller von der Universität des Saarlandes, der diese erschütternden Zahlen bekanntgab, hat auch errechnet, daß jährlich 120 Mio., das heißt täglich mehr als 300 000 Fahrten von Autofahrern mit mehr als 0,8 Promille Alkoholgehalt des Blutes unternommen werden – wobei wissenschaftlich erwiesen ist, daß eine absolute Fahruntüchtigkeit schon bei weit geringerem Blutalkoholspiegel eintreten kann; die 0,8-Promille-Grenze stellt nichts anderes als eine versteckte Förderung der Alkoholindustrie dar. Direkt oder indirekt wird diese lebensgefährliche Subventionierung des Alkoholgenusses vor der Autofahrt von all jenen Politikern unterstützt, die – wie der Vorsitzende des Bundestagsverkehrsausschusses, Dionys Jobst (CSU) – behaupten, die bisherige Regelung habe sich bewährt und solle beibehalten werden, wobei häufig mit „gesellschaftlichen Gewohnheiten" argumentiert wird.[5] Zu diesen „gesellschaftlichen Gewohnheiten" – man sollte wohl eindeutiger von Unsitten sprechen – gehört es dem Anschein nach auch, daß 8000 Verkehrstote pro Jahr, unter denen fast 5000 ihr Sterben dem Alkohol am Steuer ‚verdanken', ohne große öffentliche Erregung hingenommen werden.[6]

Eine ähnlich krasse Diskrepanz zwischen lebensbedrohenden Verhaltensweisen und Gewohnheiten, die als ‚Kavaliersdelikt' verniedlicht werden, und mangelndem politischen und öffentlichen Willen zu einer dem Gefahrenrisiko angemessenen, Unfällen vorbeugenden Verkehrskontrolle zeigt sich im Falle des Schwerverkehrs auf unseren Straßen. Fast zeitgleich wurden hierzu im Oktober 1989 bedrückende Fakten aus Rheinland-Pfalz und Nordrhein-Westfalen bekannt:

Der rheinland-pfälzische Innenminister Rudi Geil teilte mit, daß die Polizei seines Landes bei Sonderkontrollen von Gefahrguttransporten im August 1989 gegen die Fahrer von 231 Lastkraftwagen (bei 910 kontrollierten Fahrzeugen!) Bußgelder verhängen oder Verwarnungen aussprechen mußte; zusätzlich sei in 171 Fällen eine überhöhte Geschwindigkeit registriert worden. Immerhin elf Lastkraftwagen wurden wegen großer Sicherheitsmängel an Ort und Stelle sichergestellt![7]

Nicht einmal eine Woche später gab Geils nordrhein-westfälischer Amtskollege Herbert Schnoor bekannt, daß in seinem Land bei ähnlichen Sonderkontrollen nahezu jeder dritte Lkw oder Autobus habe beanstandet werden müssen. 82 Busse und Lastkraftwagen mußten sogar sofort stillgelegt werden.[8]

Jeder dritte Lkw
beanstandet

STUTTGART (anz) - Mehr als jeder dritte in den vergangenen zwei Jahren von der Polizei im Land kontrollierte Lkw ist beanstandet worden. Nach Ansicht des Staatssekretärs im Innenministerium, Alfons Maurer, ist diese Quote eindeutig zu hoch. Trotz aller Anstrengungen der Behörden sei eine kurzfristige Verbesserung jedoch nicht möglich, erklärte Maurer in einer Stellungnahme auf einen parlamentarischen Antrag der CDU-Landtagsfraktion. Höhere Geldbußen strebt die Landesregierung derzeit nicht an. Zwischen März 1987 und Juni dieses Jahres hat die Polizei sechs Kontrollen von ein- bis vierwöchiger Dauer vorgenommen. Dabei wurden 108 750 Fahrzeuge des Güterkraftverkehrs überprüft, 40 581 Fahrzeuge oder Lenker beanstandet. Mit 13,9 Prozent waren Geschwindigkeitsüberschreitungen die meisten mit Verwarnungen oder Anzeigen geahndeten Verstöße. Die Verfolgungsquote von 11,3 Prozent ergab sich bei Verstößen gegen die Lenk- und Ruhezeiten. Wegen technischer Mängel vor allem an Licht, Reifen und Ausrüstung wurden 12 429 Mängelberichtsverfahren eingeleitet.

(Aus: Schwäbische Zeitung, 11. 9. 1989)

Wer auf der Autobahn von Hamburg nach München fährt, wird wohl kaum einen Lkw-Fahrer erleben, der sich korrekt an die vorgeschriebenen Geschwindigkeitsbegrenzungen hält. Nicht minder gefährlich ist die durch Arbeitshetze und mangelhafte Einhaltung der Ruhezeiten bedingte Überlastung der Fernfahrer – etwa 7 Prozent der Unfälle mit Lkw-Beteiligung werden durch Einschlafen am Lenkrad verursacht; 16,6 Prozent der in einer Studie der Universität Groningen befragten Lkw-Fahrer gaben an, schon einmal am Steuer eingeschlafen zu sein. Wie ermittelt wurde, ereignen sich mehr als die Hälfte der Lkw-Unfälle zwischen Mitternacht und acht Uhr morgens; zwischen drei und sechs Uhr morgens erreicht die Unfallgefahr durch Lkws ihren absoluten Höhepunkt.[9] Da fast 500 Verkehrstote jährlich – darunter waren im Jahr 1988 137 Lkw-Fahrer – durch Lkw-Unfälle ihr Leben verlieren, kann ohne Übertreibung gesagt werden, daß jedes Jahr mindestens zehnmal mehr Menschen durch vorschrifts- und gesetzeswidrig fahrende Lastkraftwagenfahrer zu Tode kommen als durch die mit gewaltigem Aufwand gejagten, vor Gericht mit gnadenloser Härte verfolgten terroristischen Gewalttäter. Auch hier zeigt sich ein gerüttelt Maß an Doppelmoral: Würden die Opfer der Lkw-Unfälle überwiegend aus der politischen Elite oder der Hochfinanz stammen wie die von Terroristen Ermordeten, wäre dem Schwerverkehrsunwesen auf Straßen und Autobahnen wohl schon längst ein Ende bereitet worden. Vorläufig zeigt sich jedoch noch kein ‚neues Denken' und erst recht kein ‚neues Handeln' in Bonn. Im Mai 1989 schloß der ‚Spiegel' einen Beitrag über das „Lkw-Chaos im Straßenverkehr" mit folgender Anekdote:

„Wenn die Republik in Stau und Gestank erstickt, ist es für ein sanftes Umlenken zu spät. Den Bonner Politikern muß man offenbar erst noch ein paarmal an den Karren fahren, bis sie das merken. Ein plötzlich ausscherender Laster drückte vorletztes Jahr den Dienst-Mercedes des damaligen Bundeswirtschaftsministers Martin Bangemann fast an die Leitplanke. Über den verschreckten Brummifahrer ging ein ministerielles Donnerwetter nieder: ‚Ihr seid alle Mörder!'

Politische Konsequenzen aus dem Beinahezusammenstoß sind nicht überliefert."[10]

Bisher haben wir uns der offiziellen Zahlen bedient, ohne sie kritisch zu hinterfragen – 7967 Verkehrstote im Jahr 1987, 8213 im Jahr 1988; das können wir der Verkehrsopferstatistik entnehmen.

Diese amtliche Statistik ist aber mehr als ungenau: So liegt die Zahl der Unfälle wahrscheinlich weit über der offiziell registrierten – weil viele Unfälle der Polizei gar nicht erst gemeldet werden! Ein Karlsruher Ingenieurbüro, das im Raum Münster recherchierte, stellte gegenüber den 1828 in der amtlichen Polizeistatistik festgehaltenen Unfällen innerhalb eines Acht-Monats-Zeitraums eine „wirkliche" Unfallziffer von 3967 fest – immerhin ein Plus von 1139 Unfällen, das heißt von 54 Prozent![11]

Was die Zahl der Verkehrstoten anbelangt, so ist wohl nicht zu befürchten, daß diese ähnlich weit über der offiziell bekanntgegebenen liegt – andererseits ist die nicht erfaßte Dunkelziffer gewiß nicht so gering, daß sie einfach vernachlässigt werden könnte. Dies liegt vor allem an der gesetzlich vorgeschriebenen 30-Tage-Erhebungsfrist: Nur wer binnen 30 Tagen bzw. eines Kalendermonats an den Folgen des erlittenen Verkehrsunfalls stirbt, gilt statistisch als Verkehrstoter; spätere Todesfälle zählen nicht mehr als Unfallfolge und fallen aus der Statistik heraus. Mit anderen Worten: Die moderne Lebensverlängerungsmedizin, die Arbeit der Intensivstationen, verzerren die Unfallstatistik, was die Todesopfer anbelangt, in den Niedrigzahlenbereich. Es dürfte heute nicht selten vorkommen, daß beispielsweise ein Motorradfahrer mit schweren Kopfverletzungen als Patient mit „apallischem Syndrom" in komatösem Zustand im Krankenhaus noch über einen Monat lebt, bis ihn dann doch – was man je nach persönlicher Einstellung als glückhafte Erlösung oder als Schicksalsschlag bewerten mag – der Tod ereilt: zweifellos eine Unfallfolge, die aber als solche nicht statistisch erfaßt wird.

In früheren Zeiten, als die technisch-apparative Kunst der Lebenserhaltung noch nicht das heutige Niveau erreicht hatte, konnten die Statistiker davon ausgehen, daß maximal fünf Prozent aller Verkehrstoten, wahrscheinlich aber eher weniger, von der amtlichen Erhebung mit der 30-Tage-Frist nicht erfaßt wurden. Freilich hätten schon diese fünf Prozent für das Jahr 1988 eine Zahl von über 400 Verkehrstoten bedeutet! In Wahrheit müssen wir allerdings mit einer erheblich größeren Zahl rechnen. Fachleute gehen davon aus, daß der Anteil der Verkehrstoten, die mehr als 30 Tage nach dem Verkehrsunfall sterben, bei 10 bis 20 Prozent liegt – selbst die Bundesanstalt für Straßenwesen, die dem rechtsmedizinischen Institut der Universität Münster einen entsprechenden Forschungsauftrag erteilt hat („Dunkelziffern bei Unfällen mit Personenschäden") hält derartige Dimensionen für möglich. Dies würde aber bedeuten, daß für das Jahr 1988 nicht 8213, sondern zwischen 9000 und 10 000 Todesopfer im Verkehr angenommen werden müßten.

Fast 2000 unbekannte Unfalltote im Jahresdurchschnitt – ein kleines Dorf, das da jährlich unbemerkt von der Bildfläche verschwindet; Menschen, deren Geschick nicht einmal im dürren Amtsdeutsch der offiziellen Statistik zur Kenntnis genommen wird. Während der Moloch Automobilverkehr so seine Opfer fordert, wird in der Öffentlichkeit geradezu unbekümmert vom Fortschritt, von den Wunderwerken der Technik, vom ökonomischen Wachstum und der Faszination der Geschwindigkeit geredet.

„Die Zahl der Toten bei der Katastrophe in Ramstein entspricht der eines durchschnittlichen Wochenendes auf den deutschen Straßen. Aber der Aufschrei in der Öffentlichkeit über die Verkehrsopfer bleibt gering" – so äußerte sich der um forsche Sprüche selten verlegene bayerische Politiker Peter Gauweiler im September 1988.[12]

Gauweiler hat recht, kein Zweifel. Aber ist er nicht selber ein Träger jener Doppelmoral, die er anprangern möchte? Es ist nicht bekannt geworden, daß er sich mit demselben Eifer für eine grundlegende verkehrspolitische Wende eingesetzt hätte, den er bei seinem ständigen Beharren auf schärferen Maßnahmen gegen vermeintlich uneinsichtige HIV-Viren-Träger an den Tag legte. Und weil dies so ist, drängt sich der Verdacht auf, daß Vergleiche wie der obengenannte nur die Katastrophe von Ramstein verharmlosen wollen. Die Doppelmoral in Sachen Verkehrspolitik zeigt sich, wenn wir unsere bisherigen Ergebnisse nochmals zusammenfassen,

● als *Heuchelei* angesichts der jährlich mindestens acht-, wahrscheinlich aber eher zehntausend Verkehrstoten, die offenbar als unabänderliches Opfer auf dem Altar des technischen Fortschritts hingenommen werden;

● als *Scheinheiligkeit* in Fragen des Umweltschutzes, der mittlerweile in keiner politischen Fensterrede mehr fehlt, der aber gerade dort, wo er mit einfachen, sofort vollziehbaren Maßnahmen wesentlich gefördert werden könnte, nämlich im Automobilverkehr, plötzlich ‚vergessen' wird (im Sommer 1989 wurde bekannt, daß das Kraftfahrtbundesamt unter Berufung auf das Verwaltungsverfahrensgesetz die Auskunft darüber verweigert, wie groß der Schadstoffausstoß der einzelnen

Pkw-Typen wirklich ist, so daß dem vielzitierten ‚mündigen Verbraucher' die Möglichkeit, sich bei seiner Kaufentscheidung von ökologischen Gesichtspunkten leiten zu lassen, weitgehend unmöglich gemacht wird);

● als *politische Einäugigkeit* in der Frage der Sicherheit der Staatsbürger – denn gerade Politiker wie der ehemalige Innen- und spätere Verkehrsminister Friedrich Zimmermann, der im Hinblick auf die Ausländer- und Asylpolitik stets von Sicherheit, Recht und Ordnung spricht, nehmen es billigend in Kauf, daß sich auf bundesdeutschen Straßen ein nahezu rechtsfreier Raum etabliert hat: Wer tausend Autobahnkilometer zurücklegt und sich dabei an die Vorschriften der Straßenverkehrsordnung, zum Beispiel an die Geschwindigkeitsbegrenzungen, hält, wird in diesen sieben bis acht Stunden so häufig Opfer versuchter oder wirklicher Nötigung, angedrohter Körperverletzung oder gar versuchten Totschlags wie wohl kaum sonst in seinem Leben. Als die Polizei in Zimmermanns bayerischer Heimat für die dritte Märzwoche 1989 in den Landkreisen Ebersberg, Erding und Freising eine „katastrophale Unfallentwicklung" diagnostizieren mußte – es waren in dieser Woche in der genannten Region 2 Verkehrstote bei 257 Unfällen zu beklagen –, da sprach der zuständige Polizeibeamte von „einer zerrütteten Verkehrsmoral vieler Autofahrer, die eine oftmals geradezu kriminelle Risikobereitschaft bei der Wahl ihrer Fahrgeschwindigkeit, beim Überholen und beim Einfahren in Einmündungen und Kreuzungen beweisen."[13] Diese traurigen Zustände veranlaßten den Minister allerdings nicht zu dem bei ihm ansonsten so beliebten ‚harten Durchgreifen';

• als *politische Doppelmoral in Grundsatzfragen:* Das ‚Verursacherprinzip‘ in Sachen Umweltverschmutzung, auf Wahlkampfkundgebungen gerne beschworen, trifft zwar den mit voller Härte, der ein paar alte Zeitungen im Garten verbrennt, aber dort, wo es wirklich sinnvoll wäre, beim Automobilverkehr, bleibt es außer Kraft. Die vom Bundeskanzler anläßlich von Weltwirtschaftsgipfeln vorgetragenen Appelle zum Schutz der tropischen Regenwälder und zur Abwehr einer Klimakatastrophe wären erheblich glaubwürdiger, wenn die Regierung Kohl auch im eigenen Land wirksame Schritte zum Schutz der Erdatmosphäre bzw. zur drastischen Reduzierung der Schadstoffemissionen unternehmen würde – solche Schritte könnten allerdings den Straßenverkehr kaum aussparen. Ebenso wie gegen das ‚Verursacherprinzip‘ wird auch gegen die beim Wirtschaftsminister im Rang eines religiösen Dogmas stehende Lehre von der heilsamen Wirkung der ‚freien Marktwirtschaft‘ laufend verstoßen, wenn es um den Bereich des Verkehrs geht.

Wie bereits mehrfach betont wurde, dürfen wir diese Doppelmoral nicht allein den Berufspolitikern anlasten – auf lange Sicht können jene nur das verwirklichen, was die Mehrheit an sie delegiert. „Ohne kleine Leute keine großen Kriege" – dieser Satz gilt leider auch für den nicht erklärten, aber außerordentlich blutigen Alltagskrieg auf unseren Straßen. Wir werden nun erst die wirklichen ‚Kriegsfolgen‘ diskutieren und dann erörtern, woher die seelische Bereitschaft stammen könnte, diese Lasten und Gefahren in Kauf zu nehmen.

Anmerkungen

1 Vgl. Süddeutsche Zeitung, 21.7.1989.
2 Etwa zwölfmal so viele Bürger setzen ihrem Leben selbst ein Ende: 1987 wurden 11 599 Selbstmorde amtlich erfaßt.
3 Mainzer Allgemeine Zeitung, 31.8.1988.
4 Süddeutsche Zeitung, 14.10.1989.
5 Vgl. Süddeutsche Zeitung, 19.8.1989.
6 Von kaum geringerer Relevanz, allerdings sehr viel schwerer zu kontrollieren als Trunkenheit im Straßenverkehr, ist das Problem des Drogenmißbrauchs am Steuer. Etwa 10 bis 15 Prozent der Autofahrer nehmen „verkehrsmedizinisch relevante", zum Beispiel die Reaktionszeit verkürzende Arzneimittel ein; Psychopharmaka stehen hierbei an der Spitze (vgl. Ärztezeitung, 11.5.1989). Wie oft es dadurch zu Unfällen kommt, kann nur gemutmaßt werden, die Dunkelziffer ist gewaltig.
7 Süddeutsche Zeitung, 18.10.1989.
8 Süddeutsche Zeitung, 23.10.1989.
9 Vgl. Süddeutsche Zeitung, 4.6.1988.
10 Der Spiegel, Nr. 18/1989.
11 Der Spiegel, Nr. 42/1988.
12 Süddeutsche Zeitung, 16.9.1988.
13 Süddeutsche Zeitung, 29.3.1989.

Gesundheitliche Auswirkungen des Autoverkehrs

Ein Blick auf unsere verdrängte Alltagsrealität

Die wissenschaftliche Quellenlage zu diesem Thema ist eher dürftig. Der Problemkreis Automobil und Straßenverkehr wird von Medizinern in der Regel nicht als ihre Sache betrachtet.

Auf der Suche nach offiziellen Quellen stößt man auf eine Schrift des Bundesinnenministeriums aus dem Jahr 1983, die sich mit den tödlichen Folgen des Verkehrs auseinandersetzt.[1] In einem mit „Der Blutzoll" überschriebenen Kapitel werden die direkt zählbaren Opfer des Straßenverkehrs aufgelistet, diejenigen also, die seinen mechanischen Folgen unmittelbar erlegen sind.

Dieser Blutzoll ist jedoch nur ein Aspekt – die gesundheitlichen Schadwirkungen des Automobilverkehrs sind, wie wir in diesem Kapitel zeigen werden, weitaus umfassender.

Dennoch ist es angebracht, mit der Darstellung auf diesem Gebiet zu beginnen.

Verkehrsopfer

Keine Krankheit fordert mehr direkte Opfer und kaum eine Krankheit fordert sie grausamer und schmerzvoller als der Kraftverkehr.

Angesichts der Zahlen und Bilanzen, mit denen die Toten aufgerechnet werden, verspüren wir bisweilen eine Art innerer Übelkeit. Dies hat nur zum Teil mit Verdrängung zu tun. Aus unserer Abneigung spricht vielleicht auch das Gefühl: Was sagen schon diese Zahlen? Jedes einzelne Leben, ausgelöscht oder zerstört, stellt unser eigenes, einmaliges Leben in Frage. Nur am einzelnen begreifen wir das Entsetzliche, das sich hinter den Zahlen verbirgt.

Ein Verkehrstoter: das ist ein schlaffer Leib in wenig Blut; der Kopf mit aufgeworfener Kehle weit nach hinten gekippt. Die starren Augen schon nebelig überzogen, wenn man an den Unfallort kommt.

Der Arzt ist zur „Todesfeststellung" hier. Der Polizist wartet, den Notizblock in der Hand. Kein Puls im lauen Handgelenk, kein Ton über dem Herzen, aber der zurückgelegte Arm scheint sich zu bewegen – sinkt langsam auf den Asphalt; nur die Schwerkraft wirkt noch. Wirklich tot, ein für allemal?

„Hirntod?" fragt der Polizist. Ich fasse den Kopf an:

(Deutsche Presse-Agentur, Stuttgart)

Knirschend und weich, mit der Hand lassen sich die Scheitelknochen gegeneinander verschieben, als habe sich die Fontanelle nie geschlossen.

Dieser Tote in dem eben noch röhrenden Blechhaufen könnte jeder von uns sein.

Viele Verkehrstote: So sterben alljährlich 8000–10000 Menschen in der Bundesrepublik. Die Langzeitbilanz weist für den Zeitraum von 1953 bis 1982 annähernd eine halbe Million Verkehrstote auf. Auch die Nachkriegszeit forderte ihren ‚Blutzoll'. Der Verkehrstod zählt zu den drei häufigsten Todesursachen bei „vorzeitiger Sterblichkeit", wie es in der Sprache der Versicherungen heißt.

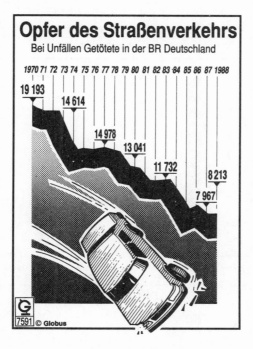

85

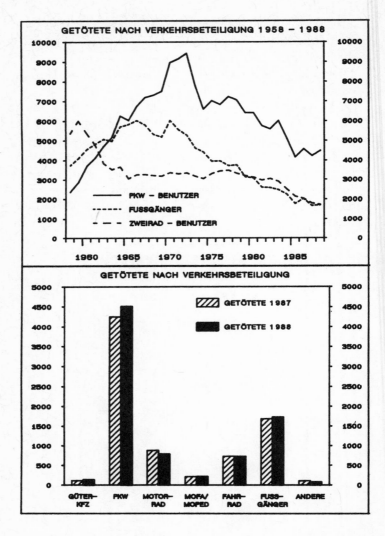

(Quelle: Statistisches Bundesamt, Verkehrsunfälle 1988,
Fachserie 8, Reihe 7)

Diese wenigen Todesursachen sind bei Frauen für 50–70%, bei Männern sogar für fast 80% der höheren vorzeitigen Sterblichkeit in der Bundesrepublik Deutschland gegenüber Schweden und Japan verantwortlich:

	Zielwert für die Sterblichkeitssenkung (%)	
	Männer	Frauen
Kraftfahrzeugunfälle	50	45–60
Herzkrankheiten	15–55	35
Lungenkrebs	60	–
Brustkrebs	–	25–60
Leberzirrhose	40–60	70
Alle Todesursachen	25	25

(Aus: Ärztezeitung, 21.9.1988)

Das bedeutet, daß jeder 50. Bundesbürger im Straßenverkehr sein Leben läßt. Weltweit rechnet man in unserem Jahrzehnt mit 250000 Verkehrstoten pro Jahr. Seit der Erfindung des Automobils sind ihm 25 Mio. Menschen erlegen! Unterteilt man die Opfer nach der Art, in der sie am motorisierten Verkehr teilnahmen (vgl. S. 86), so überrascht hierbei der hohe Anteil ‚passiver‘ Opfer wie Fußgänger und Fahrradfahrer.

Zwischen 5 und 10 Prozent der Verkehrstoten sind Kinder! Hier liegt die Bundesrepublik europaweit an 5. Stelle. Im kinderfreundlicheren (dabei durchaus nicht autofeindlichen) Italien sind es fast nur halb so viele Kinderopfer. Gewöhnlich wird eingewandt, daß jede Verkehrsform ihre Opfer fordert. Ein Vergleich verschiedener Verkehrsarten und ihrer Opfer (vgl. Tabelle S. 90) zeigt jedoch, daß der Pkw weit vor der Eisenbahn liegt.

Kinderfeindliche Straßen

Von je 1 Million Kindern wurden 1986 im Straßenverkehr getötet:

Italien (1985)	27
Schweden	31
Niederlande	36
Spanien	37
DDR	37
Großbritannien	40
Österreich	43
BR Deutschland	50
Dänemark	51
Schweiz	52
Frankreich	53
Belgien	56

© Globus 7376

Eine Schwerverletzte: Beim Aufprall wurde sie durch die zerberstende Frontscheibe über die Kühlerhaube an die Leitplanke geschleudert, wie eine Puppe.

Als sie zu sich kam, Blaulicht und Sirenen um sie, wollte sie die Hände vor die geblendeten Augen halten, aber die Arme ließen sich nicht bewegen, die Beine – waren sie noch da? „Hoher Querschnitt", hörte sie den Notarzt sagen.

Ein Halswirbelkörper war durch den Aufprall ins Rückenmark eingedrungen. Die Zerstörung der Nervenfasern ließ sich durch eine Operation nicht rückgängig machen. Drei Jahre nach diesem Unfall auf regennasser Autobahn hat sie verschiedene Kliniken und Rehabilitationszentren hinter sich. Jetzt beginnt gerade eine Schulung, bei der sie lernen soll, einen Rollstuhl mit Mundschaltung zu bedienen, denn das ist alles, womit sie sich noch ‚steuern' kann.

Eine Verletzte: das ist zum Beispiel das sechsjährige Schulkind, das von einem Auto zehn Meter über die Straße geschleift wurde, und das in seinem Gesicht lebenslänglich diese Splitspuren wie eine Tätowierung tragen wird. „Pflaster-Anna" nennen sie die Mitschüler ...

Auch wenn die Zahl der Verkehrstoten bis 1987 leicht zurückging (um im Folgejahr allerdings erneut anzusteigen), erhöhte sich die Zahl der Unfälle und Verletzungen jährlich um mindestens 1,5 Prozent. Ihre Gesamtsumme ist ungeheuer: In letzter Zeit wurden jährlich 120000 – 145000 Schwerverletzte gezählt, die an lebenslänglichen Folgen zu leiden haben. Unter diesen Schädigungen sind die des Nervensystems am schwerwiegendsten und zugleich am häufigsten: Durchschnittlich 60000 Bundesbürger (davon 5000 Kinder) erleiden jährlich derartige Verletzungen des Ner-

Alle 13 Minuten verunglückt ein Kind

Alle 13 Minuten verunglückte 1987 in der Bundesrepublik ein Kind im Straßenverkehr. Insgesamt wurden 40 904 (i. V. 44 420) Kinder bei Verkehrsunfällen verletzt, davon 387 (454) tödlich. Wie das Statistische Bundesamt jetzt mitteilt, wurden rund 32 800 Kinder bei Innerorts-Unfällen verletzt, davon 40 Prozent als Fußgänger und 38 Prozent als Radfahrer. Außerhalb von Ortschaften waren Kinder zu 71 Prozent als Pkw-Mitfahrer Unfallopfer. Rund 41 Prozent der verunglückten Kinder waren 10 bis 14 Jahre alt und ein Drittel zwischen 6 und 9 Jahre. Obwohl das Unfallrisiko von Kindern gegenüber dem Vorjahr um 7,2 Prozent sank, liegt die Bundesrepublik mit 455 verunglückten Kindern je 100 000 Einwohner immer noch an der Spitze in Europa. 1986 kamen in Großbritannien 396 Kinder, in Frankreich 195 Kinder, in den Niederlanden 195 und in Griechenland nur 105 Kinder je 100 000 Einwohner im Straßenverkehr zu Schaden. Für die ersten vier Monate 1988 rechnet das Statistische Bundesamt mit zweistelligen Zuwachsraten bei den verletzten und getöteten Kindern im Straßenverkehr. mid

(Aus: Süddeutsche Zeitung, 8. 10. 1989)

Verkehrsunfälle nach Verkehrszweigen 1975–1988

Jahr	Getötete Personen[1]				Verletzte Personen			
	Eisenbahn-verkehr	Straßen-verkehr	Binnen-schiffahrt	Luft-verkehr	Eisenbahn-verkehr	Straßen-verkehr	Binnen-schiffahrt	Luft-verkehr
1975	397	14870	14	103	1606	457797	85	143
1976	282	14820	8	89	1081	480581	61	167
1977	350	14978	11	96	1198	508142	88	159
1978	280	14662	13	71	1155	508644	82	135
1979	281	13222	8	81	1197	486441	59	146
1980	288	13041	14	68	1199	500463	82	161
1981	315	11674	6	83	1146	475944	63	143
1982	234	11608	8	114	1483	467188	95	164
1983	249	11732	6	106	1279	489210	60	182
1984	249	10199	3	64	1243	466033	52	198
1985	229	8400	9	73	1440	422095	50	242
1986	206	8948	3	75	1409	443217	103	229
1987	185	7967	3	67	1512	424622	64	254
1988		8213	4	73		448223	58	253

[1] Einschließlich innerhalb 30 Tagen Gestorbener.

(Quelle: Statistisches Bundesamt, o.J.)

vensystems. Die Folgen sind chronische Krämpfe, Gedächtnisverlust und andere Funktionsstörungen; 500 neue Querschnittsgelähmte aus Verkehrsunfällen reihen sich jährlich in das Heer der tapferen, lebenslang behinderten Rollstuhlfahrer.

Zu den 120000–145000 Schwerverletzten pro Jahr kommen 300000 leichter Verletzte. Sie runden das Bild eines Kleinkrieges mit primitivsten Waffen ab. Es ist ein Krieg, der keinen verschont. Durchschnittlich wird beinahe jeder zweite einmal im Leben im Straßenverkehr verletzt. Wie bei den Verkehrstoten sind auch hier die Kinder am stärksten betroffen, sei es als Fußgänger, Radfahrer oder Mitfahrer.

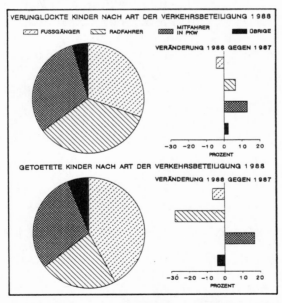

(Quelle: Statistisches Bundesamt, Kinderunfälle im Straßenverkehr 1988, Fachserie 8, Reihe 7)

Die meisten dieser Unfälle ereignen sich beim Spielen. Und noch immer zögert man, im Stadtverkehr eine Geschwindigkeitsbegrenzung von 30 km/h einzuführen!

Luftverschmutzung

Ein 1983 erschienener Report des Bundesinnenministeriums bezeichnet das Auto als größten Luftverschmutzer. Die Autos in der Bundesrepublik erzeugen jährlich 420 Mrd. m^3 Abgase. Diese enthalten 164 giftige Substanzen, deren wichtigste Gruppen in der Abbildung auf S. 93 zusammengefaßt sind.

Der Report benennt die Auswirkungen klar und präzise: „Diese Schadstoffe können beim Menschen die Atemorgane schädigen, die Blutbildung und den Bluttransport beeinträchtigen, einige sind sogar krebserregend."[2]

Der Anteil der Autos an der gesamten Luftbelastung liegt in Innenstädten bei 80–90 Prozent.

Das relative Gewicht einzelner Substanzen verteilt sich wie folgt:

	SO_2	NO_x	CO	C_nH_m	Staub
Haushaltungen und Kleinverbrauch	9,3	3,7	21,0	32,4	9,2
Verkehr	3,4	54,6	65,0	39,0	9,4
Industrie	25,2	14,0	13,6	28,0	59,7
Kraftwerke/ Fernheizwerke	62,1	27,7	0,4	0,6	21,7

(Quelle: Bundesministerium des Inneren 1983)

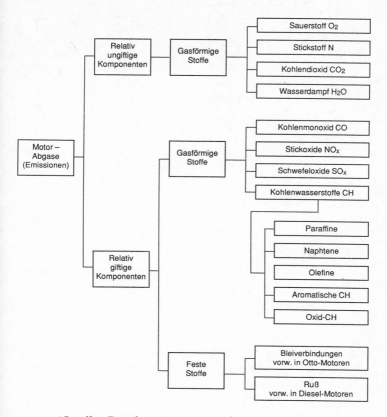

(Quelle: Bundesministerium des Inneren 1983)

Unabhängig von der Quantität ist bei Autoabgasen gegenüber Industrieabgasen zu berücksichtigen, daß sie direkt in Atemhöhe abgegeben werden, ihre Konzentration also dementsprechend größer ist. Die Verteilung variiert je nach Wohnort und Straßenlage:

Komponenten	Städt. Haupt-verkehrs-straßen	Städtische Wohngebiete	Ländliche Gebiete
Kohlenmonoxid	10 mg/m^3	2 mg/m^3	0,2 mg/m^3
Stickoxide	120 µg/m^3	50 µg/m^3	10 µg/m^3
Benzol	40 µg/m^3	15 µg/m^3	3 µg/m^3
Blei	1 µg/m^3	0,5 µg/m^3	0,03 µg/m^3

(1 mg = 0,01 g, 1 µg = 0,000001 g)

(Quelle: Bundesministerium des Inneren 1983)

Im Auto selbst können noch erheblich höhere Konzentrationen entstehen als außerhalb. Nach Ergebnissen der Meßstelle für Arbeits- und Umweltschutz Bremen atmen die Autofahrer selbst von allen Verkehrsteilnehmern die schlechteste Luft.

Der heutige Stand der Forschung würde es erlauben zu bestimmen, welche Substanzen der Autoabgase welche Schädigungen und Krankheiten hervorrufen. Im Alltag haben wir es jedoch nicht mit jeweils fein dosierten Einzelsubstanzen zu tun, sondern mit einem Gemisch verschiedener Faktoren. Da man sie in städtischen Ballungsgebieten am konzentriertesten findet, werden sie in der Epidemiologie als „Urbanfaktor" zusammengefaßt, der für eine Erhöhung bösartiger Erkrankungen gegenüber dem Landleben verantwortlich gemacht wird.[3] Dieser ungenaue Vermengungsfaktor entspricht der Tatsache, daß sich die Schadstoffe nicht nur addieren, sondern in ihrer Wirkung auch noch gegenseitig steigern, das heißt ‚potenzieren' können.

Eine kleine Führung durch die Giftküche unserer Atemluft mit Begutachtung der einzelnen Ingredienzien kann den Lesern nicht erspart werden.

Polyzyklische aromatische Kohlenwasserstoffe (C_nH_m, PAH). Sie entstehen bei allen Prozessen, bei denen Kohlenwasserstoffe verbrannt werden, besonders unter sauerstoffarmen Bedingungen. In Autoabgasen lassen sich über 150 verschiedene PAH nachweisen; die meisten von ihnen sind potentielle Krebserreger (am bekanntesten ist das Benzpyren). Bei Mischung verschiedener PAH addiert sich ihre krebserzeugende Wirkung. Diese entfaltet sich am Ort des Eindringens: in den feinsten Lungenbläschen.

Bei einer Anhörung des Länderausschusses für Immissionsschutz 1988 in Düsseldorf[4] waren sich alle Experten einig, daß für sogenannte „gentoxische" Karzinogene wie die PAH keine Wirkungsschwelle wissenschaftlich definiert werden kann. Das bedeutet: Jedes einzelne eingeatmete Molekül ist dazu in der Lage, eine bösartige Zellmutation auszulösen!

In der Stadtluft stammen die PAH zu einem Großteil aus Industrie- und Hausausstoß; in Großstadtzentren kann ihr Anteil auf 50 Prozent ansteigen. Die polyzyklischen aromatischen Kohlenwasserstoffe werden daher für die Häufung von Lungenkarzinomen in der Stadt- gegenüber der Landbevölkerung verantwortlich gemacht. Besonders gefährdet sind dabei Autofahrer, da die Konzentrationen im Wageninneren bis zu 35 Prozent über denen der Umgebungsluft liegen können.

Seit eine große amerikanische Studie eine hochsignifikant erhöhte Lungenkrebsrate bei Lastkraftwagenfahrern zeigte, wird eine besonders starke Wirkung von Diesel-Benzpyrenen diskutiert. Aber auch Berufe, die an der ‚frischen Luft' ausgeübt werden, wie Gärtner oder Parkplatzwärter, weisen eine dreimal so häufige Lungenkrebsrate wie andere Berufe auf. Dabei soll allerdings nicht verschwiegen werden, daß ein Raucher von 30 Zigaretten gegenüber einem städtischen Nichtraucher das mindestens 1000fache an Benzpyrenen inhaliert. Hier kommt es oft zu Summationseffekten verschiedener PAH, die – wie im Falle rauchender Autofahrer – zu hohen Konzentrationen führen können.

Bei derartigen Risikoabmessungen (Rauchen gegenüber Kraftverkehr) wird man allerdings zwischen dem selbstgewählten individuellen Risiko und der passiven Risikozumutung, die alle gleichermaßen trifft, unterscheiden müssen.

Benzol. Diese leicht flüchtige Verbindung ist zwar im Benzin nur zu 3 Prozent enthalten, insgesamt gelangen aber 50 000 Tonnen im Jahr mit den Autoabgasen in die Umwelt (das ist 200mal mehr als aus Raffinerien). In hoher Konzentration kann Benzol Leukämie hervorrufen, niedrigere Konzentrationen führen unter Umständen zu schwersten Blutbildungsstörungen. Auch Chromosomenschäden sind bekannt.

Kohlenmonoxid (CO). Die verbreitetste und allgemeinste Belastung bildet das Kohlenmonoxid (CO), das bisweilen in selbstmörderischer Absicht als ‚Garagengas‘ benutzt wird.

Schon 0,5 Prozent in der Atemluft wirken nach 10 Minuten tödlich. In geringeren Konzentrationen erzeugt es Kopf- und Herzschmerzen, Schwindel und Sehstörungen – Gefühle, die jeder Autofahrer kennt, der längere Zeit im Stau steht. Alle, die in besonderem Maße auf natürliche Sauerstoff-Versorgung angewiesen sind, werden durch CO-Anstiege gefährdet: ältere Menschen mit Durchblutungsstörungen bei Arteriosklerose, Kinder und Sportler. Ein Taxifahrer hat nach achtstündiger Fahrt im Großstadtverkehr so viel CO eingeatmet wie ein Kohlenarbeiter in einer Schicht unter Tage. Die Luftgebläse erhöhen die CO-Konzentration im Auto gegenüber der Straße um 25 Prozent!

Auch innerhalb der gesetzlichen MAK-Bereiche werden die Funktionen des zentralen Nervensystems stark beeinträchtigt.

„Durch hohe Spitzenkonzentrationen bei Verkehrsstoßzeiten oder bei Smogwetterlagen sind insbesondere Herz-Kreislauf-Kranke gefährdet" – erklärte das Bundesinnenministerium 1983.

Stickoxide (NO_x). Annähernd die Hälfte aller Stickoxide in unserer Umluft entstammen dem Autoverkehr. Der Ausstoß eines Autos an NO_x hängt exponentiell von der Fahrgeschwindigkeit ab.

In den letzten Jahren stiegen die Stickoxide in der Umluft weiter an.

Diese Stickoxide erzeugen den fotochemischen Smog, der über unseren Städten lastet; darüber hinaus bilden sie einen Hauptfaktor bei der Entstehung des ‚sauren Regens'.

Stickoxide dringen beim Menschen in die feinsten Verzweigungen der Atemwege ein. Sie reduzieren die Abwehrkräfte und führen zu chronischen Atemwegserkrankungen. Spitzenwerte können bei Kindern akute Atemwegserkrankungen auslösen. Hier wirkt vor allem die Kombination mit anderen Luftverunreinigungen schädigend.

Erhöhte Stickoxidkonzentrationen beeinflussen jedoch nicht nur den Menschen, sondern auch seine Umgebung: So kommt es beispielsweise – parallel zum

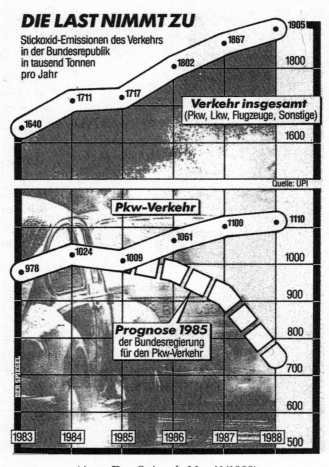

(Aus: Der Spiegel, Nr. 41/1988)

Anstieg von Stickoxiden – zu Beeinträchtigungen der Ernteerträge um bis zu 15 Prozent. Unter der Sommersonne verwandelt sich NO_x in Ozon.

Ozon (O_3). In 20 km Höhe ist O_3 lebensnotwendig, da es die gefährlichen UV-Strahlen abschwächt. In Bodennähe aber ist Ozon für alle Lebewesen schädlich. Es entsteht hier unter Einwirkung von Sonnenstrahlen aus Stickoxiden und Kohlenwasserstoffen. Ozon verflüchtigt sich nach seiner Entstehung rasch; da sich sein Abbau jedoch in reiner Luft verzögert, werden Spitzenwerte vor allem in der Umgebung unserer Städte erreicht. Ozon reizt Augen und Atemwege und führt zu Einschränkungen der Atemleistung.

Akute Auswirkungen von Ozon:

120 µg/m³	13–30 Minuten schwere Arbeit	Schleimhautreizungen von Augen, Nase, Rachen und Hals, Verschlechterung der Leistungsfähigkeit bei Sportlern
240 µg/m³	13–30 Minuten schwere Arbeit	Häufung der Symptome (s. o.)
240 µg/m³	2 Stunden Arbeit	Einschränkung der Lungenfunktion bei Schulkindern
300 µg/m³	1 Stunde Arbeit	Einschränkung der Lungenfunktion bei Erwachsenen
300 µg/m³	höchster Stundenmittelwert eines Tages	Augenreizungen bei jungen Frauen
400 µg/m³	3 Stunden	Beeinträchtigung der Dunkeladaption
500 µg/m³ und mehr	höchster Stundenmittelwert eines Tages	Husten und Brustschmerzen bei alltäglicher Tätigkeit

(Aus: Ärztekammer Baden-Württemberg: Luftverschmutzung und Gesundheit. Stuttgart 1989)

(Smog über München: Luftbild Max Prugger, Freigabe Reg. v. Obb. G 30/G 955; Bilderdienst Süddeutscher Verlag, München)

Schwefeldioxid (SO_2). Obwohl SO_2 in erster Linie aus Industrieabgasen stammt, liegt sein Anteil an der Gesamtbelastung in Verkehrsballungszentren bei 10 Prozent. Schwefeldioxid erzeugt in Kombination mit Staub und Stickoxiden die Smog-Atmosphäre, die Haut und Schleimhäute reizt, die Atemwege belastet und zu Atemnot führen kann, durch die besonders Asthmatiker gefährdet sind (siehe Übersicht S. 102). Wie erstmals gezeigt werden konnte, war die Gesamtsterblichkeit unter Smogbedingungen bei Konzentrationen um 580 $\mu g/m^3$ gerade bei älteren Menschen in Nordrhein-Westfalen nachweisbar gesteigert.

Eine Beteiligung des SO_2 am kindlichen Pseudokrupp wird diskutiert.

An dieser Stelle muß an die generelle Gefährdung des Kindes durch Belastungen der Umweltluft erinnert werden, da der heranwachsende Organismus einen extrem hohen Luftumsatz hat. Ein 6 kg schwerer Säugling atmet innerhalb von 24 Stunden 1260 Liter Luft ein und aus.

Blei. Blei ist im Benzin vor allem als Antiklopfmittel (Bleitetraäthyl) zugesetzt. Trotz strenger Verordnungen und Einführung des Katalysators steigt sein Anteil in der Umwelt aufgrund der Zunahme der Kraftfahrzeuge weiter an: Jährlich werden etwa 3000 Tonnen Bleistaub aus Autoabgasen freigesetzt. Es gelangt nur zum Teil direkt in die Atemwege; der größere Teil erreicht den Organismus über die Nahrung, da sich Blei zusammen mit Staub auf dem Boden niederschlägt und auf diese Weise in Pflanzen und Wasser gerät. An befahrenen Straßen wird auf dem Boden die fünffache Konzentration des (fiktiven) Grenzwertes (100 $\mu g/m^2$) gemessen.

Auswirkungen von kurzzeitigen Belastungen
bei Wintersmog

Tagesmittelwerte der Schadstoffe in $\mu g/m^3$

SO_2	Schwebestaub	NO_2	Auswirkungen
300–400	über 150		Zunahme der Todesfälle, vor allem bei über 65-jährigen und Kranken
300	150–250		Verschlechterung des Zustandes von Lungenkranken und gehäuft akute Atemwegserkrankungen bei Erwachsenen
280			Anstieg der Notfallkonsultationen wegen Pseudokrupp
200–250	200–250	83	2–3 Wochen anhaltende Verschlechterung der Lungenfunktion bei Schulkindern
200	150		Zunahme der Anfallshäufigkeit bei Asthmatikern
200	100	75	Verschlechterung der Lungenfunktion bei Erwachsenen

(Aus: Ärzte für Umweltschutz: Luftverschmutzung und
Gesundheit. Luft ist Leben. Allschwil, Basel, Zürich 1988)

Das Blei in der Atmosphäre stammt zu 75 bis 90 Prozent aus den Verbrennungsmotoren des Straßenverkehrs. Das Bundesministerium des Inneren stellte 1983 zur Bleibelastung fest:

„Blei führt bei chronischer Aufnahme zur Beeinträchtigung der Blutbildung und des Nervensystems. (...) Bereits in den heute in der Umwelt vorkommenden Konzentrationen werden bei bestimmten Bevölkerungsgruppen (zum Beispiel Polizisten, Busfahrer) erhöhte Blutbleispiegel gefunden. Risikogruppen sind aber auch Kinder, die durch ihr Spielverhalten dem bleihaltigen Straßenstaub besonders ausgesetzt sind, und Schwangere im Hinblick auf die Schädigung des Embryos."[5]

Der höchste Bleigehalt der Atemluft wird jedoch im Auto selbst gemessen, vor allem bei eingeschaltetem Gebläse.

Die Luft-Broschüre der Schweizer Ärzte für Umweltschutz (1988) berichtet:

„Viele Studien betreffen Störungen der Hirnentwicklung beim Kind. 1984 wurde ein Zusammenhang zwischen erhöhten Blutbleiwerten der Kinder und hyperaktivem Verhalten gefunden. Ungenügende Schulleistungen, schlechteres Abschneiden in psychologischen Tests und gesteigerte Aktivität gingen parallel mit erhöhter Bleibelastung des Kindes.

Die hohe Sensitivität des in Entwicklung begriffenen kindlichen Gehirns gegenüber Schwermetallen – vor allem Blei – wird von der Grundlagenforschung und in klinischen Studien gleichermaßen bestätigt. Blutbleiwerte von 7 bis 10 µg/dl – gemessen nach der Geburt – können genügen, um die motorische und sensorische Entwicklung des Kleinkindes dosisabhängig zu beeinträchtigen."[6]

Über die genannten Schädigungen hinaus wurde ein Zusammenhang zwischen der Zunahme von Skelett-Tumoren und dem Anstieg der Bleibelastung nachgewiesen.

Ein gesicherter Schwellenwert für Unschädlichkeit von Blei existiert ähnlich wie bei krebserzeugenden Stoffen *nicht*.

Asbest. Asbest wird durch bremsende Fahrzeuge freigesetzt: Als Bestandteil von Dichtungen, Kupplungs- und Bremsbelägen löst es sich in Form feinster Faserstäube. Sie können erwiesenermaßen bösartige Geschwülste des Rippenfells und Lungentumore auslösen. Gleichzeitiges Zigarettenrauchen erhöht das Risiko stark. Zwar gibt es inzwischen asbestfreie Bremsbeläge, doch ist ihre Verwendung nicht vorgeschrieben. Den guten Willen der Industrie vorausgesetzt, kann in den nächsten zehn Jahren mit einer Ablösung der Asbestbeläge durch andere Materialien gerechnet werden.

Angesichts dieser vielfältigen Bedrohungen und Schädigungen erschien vielen die Einführung des Katalysators als Rettung.

In der Tat könnten bei 100prozentigem Katalysatorgebrauch CO und PAH um 90 Prozent und Stickoxide um 80 Prozent gesenkt werden. CO_2 läßt sich durch den Katalysator allerdings nicht reduzieren – und immerhin entstammt ein Viertel der gesamten CO_2-Produktion, der Hauptursache der drohenden Klimakatastrophe, dem Autoverkehr.

Überdies entfaltet ein Katalysator seine volle Wirkung erst nach dem ersten gefahrenen Kilometer. In unseren Ballungszentren ist jedoch noch jede zehnte

Fahrt kürzer als ein Kilometer! Die vielfältigen Formen des Automißbrauchs machen letztendlich alle durch die Einführung des Katalysators erzielten Effekte zunichte.

Und daß der Platinkatalysator nicht ,natürlich' ist, darauf bräuchte nicht eigens verwiesen zu werden. Pro km gibt jeder Katalysator 1–2 µg der Schwermetalle Platin und Palladium an seine Umgebung ab. Ein kleiner Teil davon kann bis in die Lunge gelangen. Eine bekannte Schädigungsmöglichkeit ist hier die ,Platinose' im Sinne einer Allergie mit Asthma.

In Experimenten wurde festgestellt, daß bestimmte Platinverbindungen Tumore hervorrufen. Solche Verbindungen konnten im Katalysator-Platin-Ausstoß allerdings bislang nicht nachgewiesen werden.

Zusammenfassend kann gesagt werden, daß die Abgase der Autos auch nach Einführung des Katalysators immer noch gefährlich sind. Nur weniger zu fahren würde letztlich zu einer wirklichen Minderung der Risiken führen.

Lärm

Lärmbelästigung wird von der Mehrheit der Bevölkerung als das größte Umweltproblem erlebt. 95 Prozent der Bevölkerung fühlen sich durch Verkehrslärm, 27 Prozent durch Schienenlärm belastet. Um der Lärmbelästigung zu entgehen, erwägen 54 Prozent einen Wohnungswechsel. Zwischen dem Gefühl der Belästigung und quantitativ meßbaren Belastungen bestehen durchaus lineare Dosis-Wirkbeziehungen, besonders in der Schlafqualität.

Wie unlängst nachgewiesen wurde, tritt auch nach

jahrelanger Einwirkung keine vollständige Gewöhnung ein: Immer noch steigt zum Beispiel der Herzschlag an; bei Dauerschall ist die Pulsfrequenz proportional gesteigert, ja das gesamte sympathische Nervensystem ist angespannt. Diese Anspannung wiederum erhöht den Blutdruck, der in Gebieten mit einer Belastung von 66–73 Dezibel (dB) bei 23 Prozent der Bevölkerung pathologische Werte zeigt. Beträgt die Belastung unter 50 dB, liegen die Werte immer noch bei 15 Prozent. Ein Pkw erzeugt bei 50 km/h ca. 70 dB, im Anfahren und bei Beschleunigung bis zu 90 dB (Lastwagen und Motorräder liegen nur unwesentlich darüber).

Bei Erzeugung von nur 70 dB sind bei freien Ausbreitungsbedingungen ein Kilometer links und rechts zur Straße noch mit 45 dB belastet. Schlafräume sollen aber nach den VDI-Richtlinien nachts nicht mehr als 25–30 dB aufweisen, denn ab 40 dB Dauerpegel beginnt eine deutliche Zunahme der vorwiegend über den Sympathikus wirkenden Streßfaktoren.

Also nicht nur tagsüber, wo man es schon oft genug spürt, sondern ,unbemerkt' bei Nacht steigt unter Umständen der Blutdruck unter Geräuschbelastung. Diese Blutdrucksteigerungen nutzen unsere Gefäße ab und können unter anderem zum Herzinfarkt führen. Schon vor diesen Krankheitsausbrüchen sind eine Erhöhung des Schlafbedürfnisses und chronische Ermüdung Anzeichen für unbemerkte nächtliche Lärmbelastung.

Selbst das vorsichtige Bundesinnenministerium gibt zu: „Eine im Auftrag des Umweltamtes durchgeführte Studie hat den Verdacht verstärkt, daß ein Zusammenhang zwischen Verkehrslärm und Erkrankungen an Bluthochdruck besteht."[7]

Die damit verbundenen Gefäßerkrankungen bilden

jene Krankheitsgruppe, die in der modernen Industriegesellschaft am stärksten zugenommen hat.

Die Industrie ist nach Ansicht des ‚Internationalen
Kongresses für technische Lärmminderung 1985'[8]
schon lange dazu in der Lage, die Lärmbelästigung
spürbar zu verringern (zum Beispiel durch neue Rei-
fentypen, ‚eingekapselte Motoren' usw.). Allerdings
scheint sie dazu nicht bereit, solange Normvorschriften
sie nicht dazu zwingen – ebensowenig wie Kraftfahrer
nicht weniger oder langsamer fahren, solange vieles
und schnelles Fahren nicht wirtschaftlich und sozial
sanktioniert wird.

Erhöhung der allgemeinen Streßfaktoren über das
sympathische Nervensystem – Blutdruckanstieg – Ge-
fäßverkalkung – Herzinfarkt: Diese Linie beschreibt nur
eine Möglichkeit der gesundheitsschädigenden Auswirkungen von Lärm.

Nicht so einfach meßbar, jedoch zweifellos fühlbar,
sind die nervlich-seelischen Beeinträchtigungen des
Wohlbefindens, der Konzentrationsfähigkeit und der
Leistungsbereitschaft unter dem chronischen, immer
weiter anschwellenden Hintergrundrauschen unserer
Autowelt.

Psychosoziale Störungen

Die Weltgesundheitsorganisation (WHO) definiert ‚Gesundheit' nicht nur als das Fehlen von Krankheit und
Gebrechen, sondern als einen Zustand körperlichen,
seelischen und sozialen Wohlbefindens. Diese subjekti-
ve Dimension ist natürlich schwer meßbar, sollte deshalb aber nicht weniger ernstgenommen werden.

a) Psychosoziale Folgen der Raum-Zerschneidung

Die Zerschneidung von Ortschaften durch Straßen stört das Sozialgefüge empfindlicher, als der Strich auf der Landkarte erkennen läßt. Die zunehmende Zerstörung von Landschaften (zum Beispiel durch das Absterben ganzer Wälder) bedeutet für manchen den Verlust der letzten, zum Teil lebensnotwendigen, visuellen Ruhe und des Gefühls von Geborgenheit. Die sich auf diese Weise manifestierende Krise unserer Lebenswelt wird von Heranwachsenden besonders intensiv erlebt. H. E. Richter berichtet dazu folgendes:

„In einem Kinderschreibwettbewerb, den die Frankfurter IG Metall veranstaltet hat, haben die allermeisten der 9- bis 14jährigen Kinder, die ihre Vorstellungen von der Zukunft beschreiben sollten, düstere Erwartungen ausgedrückt: Leben in einer kaputten Natur mit einer immer knapperen und inhumaneren Arbeit, verpestete Luft, aussterbende Tierarten, massenhaft umweltbedingte Krankheiten beherrschen die Phantasien. Was die Kinder da ausmalen, entnehmen sie den Gesprächen der Erwachsenen und dem Fernsehen. Sie spüren, was ihre Eltern mehr oder minder verdrängen. So spiegelt ihr Pessimismus etwas von dem inneren Zustand unserer Gesellschaft wider. Es steckt darin ein verzweifelter Appell an die Generation der Eltern: Tut endlich etwas, damit die Welt, die wir von Euch erben, uns noch Chancen gibt."[9]

Für die unmittelbar Betroffenen, die direkt an der Durchgangsstraße oder in der Nähe der Autobahn wohnen, ist nicht nur die Landschaft zerstört, sondern ihr Leben auf das stärkste beeinträchtigt:

„... eine Frau Anfang Dreißig sagt uns, sie sei es jetzt langsam leid, die dauernden Besuche von Reportern und Medizinern. Gut, einmal sage sie es noch: Ja, sie könne den ganzen Lärm, besonders das Quietschen der bremsenden Laster, nachts oft nicht mehr ertragen, dann gehe sie zum Schlafen in den Keller, und überhaupt sei alles furchtbar, aber man versuche halt, das Beste daraus zu machen."[10]

b) Erholungsverlust – Streß – Aggression

Für den Bundesbürger scheint es aus dieser Autowelt kein Entkommen zu geben. Gerade in der Freizeit klagen 58 Prozent darüber, durch die Auto- und Verkehrsprobleme (Staus bei Wochenend- und Urlaubsreisen) streßhaft belastet zu sein – im subjektiven Sinne von Magenbeschwerden, Schweißausbrüchen und Nervosität. Diese Belastung hat innerhalb von fünf Jahren um 10 Prozent zugenommen! In solchen Situationen kommt es zu Aggressionen.

Von 516 Herzinfarkt-Patienten mit dem sogenannten Typ-A-Verhalten, das geprägt ist durch Gejagtheit, Aggressionsbereitschaft und Erwerbsstreben, gaben 506 an, ,hard-drivers' zu sein.[11]

Das Auto ist das ideale, weil alltägliche Instrument zum Ausleben der genannten Typ-A-Eigenschaften. In Verbindung mit Hochleistungsfahrzeugen und fehlenden Geschwindigkeitsbegrenzungen werden diese Eigenschaften zusätzlich gefördert. Schnelles bis aggressives Fahren gilt als Kavalierstugend mit jenem hohen Sozialprestige, das alle genannten A-Kategorien genießen. Und sollte es schiefgehen (auf eigene *und* anderer Kosten), war es eben nur ein Kavaliersdelikt.

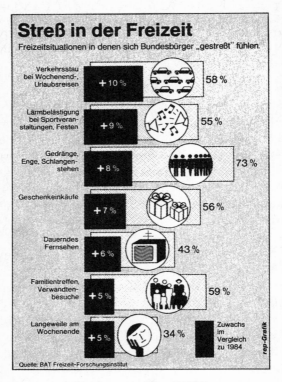

Streß in der Freizeit

Freizeitsituationen in denen sich Bundesbürger „gestreßt" fühlen.

Verkehrsstau bei Wochenend-, Urlaubsreisen	+10 %	58 %
Lärmbelästigung bei Sportveranstaltungen, Festen	+9 %	55 %
Gedränge, Enge, Schlangenstehen	+8 %	73 %
Geschenkeinkäufe	+7 %	56 %
Dauerndes Fernsehen	+6 %	43 %
Familientreffen, Verwandtenbesuche	+5 %	59 %
Langeweile am Wochenende	+5 %	34 %

Zuwachs im Vergleich zu 1984

Quelle: BAT Freizeit-Forschungsinstitut

rep-Grafik

(Aus: natur Nr. 4/1989)

c) Isolation

Auch die Isolation ist eine Verhaltensweise, die vom Auto gefördert statt überwunden wird. Ursprünglich versprach man sich vom Auto die rasche Überwindung von Distanzen; die Menschen sollten näher zusammenrücken. Sieht man heute die Kolonnen der Einzelfahrer isoliert, jeder eine Monade, ihre Bahn ziehen, so ist der Isolationsfaktor ersichtlich größer als der Kommunikationsgewinn. Der Autismus, eine psychische Erkrankung, die zu völliger Isolation und Zurückgezogenheit in sich selbst führt, steht vielleicht nicht nur im Wortstamm (autos = selbst) dem Automobil nahe. Diese Isolation wiederum verleitet dazu, im anderen nur den Gegner zu sehen – und das nicht nur im Auto.

d) „Systemzwang"-Denken
„Die Autobahn ist nun mal für Autos da", sagt jemand, der ein Reh überfahren hat. „Die Straße ist nun mal kein Spielplatz", sagt der, der ein Kind gestreift hat. Es geht weder um Menschen noch um Tiere oder sonstige ‚Natur' – es geht um den reibungslosen Verkehr. Der Verkehr ist zum Selbstwert geworden. Nirgendwo sonst wird eine Denk- und Verhaltensweise so konsequent eingeübt und ausgeübt, die *alles* ermöglicht.

Angesichts des millionenfachen täglichen Gebrauchs des Autos darf seine Funktion als Denk- und Verhaltensschule der Nation nicht unterschätzt werden. Die hier eingeübten Verhaltensweisen besitzen eine hohe Durchschlagskraft – die jedoch aufgrund ihrer Alltäglichkeit nur allzu leicht übersehen wird.

Bewegungsmangel

Übergewicht, Bluthochdruckerkrankungen, Gefäß- und Infarktleiden haben in der Bundesrepublik parallel zum Anwachsen der Autolawine zugenommen und zählen heute zu den verbreitetsten Erkrankungen.

70 Prozent dieser Krankheiten lassen sich mit einer Therapie kurieren, die der Patient selbst gestalten muß und deren Credo lautet: mehr entspannte Bewegung! In vielen Fällen würde es schon genügen, wenn der täg-

liche Weg zur Arbeit oder zum Bahnhof zu Fuß oder mit dem Fahrrad zurückgelegt würde; den Rest brächte ein Spaziergang am Feierabend um den Block oder durch den Park und eine größere Wanderung oder Radtour am Wochenende. Wie aber sehen unsere Gewohnheiten aus, wenn das Auto jederzeit benutzbar vor der Tür steht!

Natürlich ist es nicht das Auto, das uns krank macht, sondern unser Umgang mit ihm.

So kann unser Hang zur Bequemlichkeit zu Einschränkungen der für den Erhalt unserer Gesundheit notwendigen Bewegung führen. Hat die Gewöhnung erst einmal einen gewissen Umfang angenommen, setzen sogenannte negative Regelkreise ein: Der Übergewichtige findet weniger Gefallen am Wandern und Radfahren und wird nach einigen anstrengenden Versuchen bereitwillig zur gewohnten Autobequemlichkeit zurückkehren. Oder: Wenn die Straßen voller Autos sind, wer hat da noch Spaß am Spaziergang um den Block oder am Radfahren ins Nachbardorf? Oder: Wenn die geschundensten Verkehrsopfer des Autos Fußgänger und Radfahrer sind, vergeht einem leicht der Mut, mit dem Fahrrad durch die Stadt zu fahren.

Am Zirkelschluß dieser Regelkreise steht das Auto und lädt uns wieder ein: verführerisch, bequem und zerstörerisch.

Anmerkungen

1 Bundesministerium des Inneren: Was Sie schon immer über Auto und Umwelt wissen wollten. Stuttgart 1983.
2 Ebd.
3 Vgl. D. Schottenfeld/J. F. Fraumeni: Cancer Epidemiology and Prevention. Philadelphia 1982, S. 336.
4 Länderausschuß für Immissionsschutz: Krebsrisiko durch Luftverunreinigungen. Düsseldorf 1988.
5 Bundesministerium des Inneren: Was Sie schon immer über Auto und Umwelt wissen wollten. Stuttgart 1983.
6 Ärzte für Umweltschutz: Luftverschmutzung und Gesundheit. Luft ist Leben. Allschwil, Basel, Zürich 1988.
7 Bundesministerium des Inneren: Was Sie schon immer über Auto und Umwelt wissen wollten. Stuttgart 1983.
8 Vgl. Süddeutsche Zeitung, 20.9.1985.
9 H. E. Richter, Plädoyer für eine gesunde Stadt. In: Psychosozial, H. 12/1989.
10 Süddeutsche Zeitung, 9.8.1989.
11 Vgl. R. B. Case u.a.: Type A-Behavior and Survival After Acute Myocardial Infarction. In: English Journal of Medicine 312, 737 (1985).

Seelische Dimensionen des Automobilmißbrauchs
Zur Psychologie des rauschhaften Fahrens und der Verführbarkeit durch die Maschine

Das Automobil dient, wir hatten es bereits angedeutet, zur Verwandlung von Raum und Zeit – interessanterweise teilt es diese Eigentümlichkeit mit einer anderen technologischen Errungenschaft, die wie der Kraftwagen aus unserer Industriezivilisation kaum noch fortzudenken ist: In demselben Jahr, in dem Berta Benz ihre „erste Fernfahrt" mit dem Automobil unternahm, 1888, war es der Firma Kodak gelungen, die erste für die Massenproduktion geeignete fotografische Kamera zur Serienreife zu entwickeln.

Der ‚Fotoapparat' arbeitet freilich nach einer der Funktionsweise des Automobils direkt entgegengesetzten Logik: Während dieses es gestattet, den Raum nach Belieben zu ‚durcheilen', läßt er den Augenblick ‚verweilen', ‚hält ihn fest', indem er ihn auf die fotografische Platte (und später auf den Film) ‚bannt', das heißt in eine räumliche Struktur verwandelt (die Filmkamera ermöglicht es schließlich sogar, die Zeit ‚rückwärts' abrollen zu lassen). Das Automobil, das eine räumliche Distanz in ungeahnter Schnelligkeit überbrückt, vernichtet (‚spart') Zeit und forciert so den Drang zu immer höherem ‚Tempo', der offenbar zu den Grundtatsachen des modernen Lebens gehört.

Als Zeitspar- und Raumüberwindungsmaschine unterscheidet sich das Auto von den anderen Verkehrsmitteln, die ja prinzipiell ähnliches leisten, nicht nur durch seine hohe Geschwindigkeit und die große Flexibilität im individuellen Gebrauch, sondern vor allem durch die ihm innewohnende Tendenz zur Vereinzelung.

Die Grenzen der Karosserie markieren auch Schranken der Kommunikation, Barrieren für die mitmenschliche Beziehung – und insofern begünstigt diese in Blech gegossene Abgrenzung auch die dem Automobilverkehr offensichtlich innewohnende Tendenz zum Abbau von Hemmschwellen: Nötigung, Gewaltandrohung, versuchte oder gar verübte Körperverletzung geraten unter diesen Bedingungen plötzlich zum ‚Kavaliersdelikt', und ein Verhalten, das etwa unter Passanten auf einer Rolltreppe oder im Fahrstuhl (wo man sich von Angesicht zu Angesicht begegnet und miteinander sprechen kann) kaum denkbar wäre, wird unter Autofahrern zur Alltagsroutine.

Mit der Abschottung des in der Regel allein (oder allenfalls in einer Kleinstgruppe) Fahrenden von seinen Mitmenschen, deren personale Existenz kaum mehr wahrgenommen wird, da die anderen Verkehrsteilnehmer als Anhängsel der Maschine gelten und auch entsprechend behandelt werden („Der Opel da vorne hält ja den ganzen Betrieb auf!"), ist eine umfassende Ablösung von der gesamten Außenwelt verbunden – nicht bloß im metaphorischen Sinne verliert der Automobilist den ‚Boden unter den Füßen'. Diese Ablösung verringert die Fähigkeit zur Realitätskontrolle und bewirkt eine erhöhte Risikobereitschaft, weshalb – wie mittlerweile nachgewiesen wurde – Sicherheitsvorkehrungen wie Allradantrieb oder eine Antiblockiereinrichtung im Bremssystem nicht zur Verminderung der Unfallhäufigkeit führen, weil diese technischen Errungenschaften sogleich einen gesteigerten ‚Mut zum Risiko‘ nach sich ziehen.[1]

Für die Absonderung von den Mitmenschen, für die Loslösung von der Außenwelt (die offensichtlich bis zu dem wahnhaften Glauben führen kann, dem Walten der Naturgesetze partiell entzogen zu sein) tauscht sich der Automobilbenutzer ein Stück Verfügungsgewalt über jene Maschine ein, die Mobilität und Zeitvernichtung gestattet und ihm zum exklusiven, willkürlichen Gebrauch zu Gebote steht – eine persönliche Möglichkeit zu Herrschaft und Kommando, wie sie in der Eisenbahn oder im Autobus, so sehr diese gleichermaßen dem Ziel des Ortswechsels dienen, auch nicht annähernd zu verwirklichen ist.

Zweifellos liegt hier eine der Wurzeln für die häufige, oftmals ideologisch verbrämte Abneigung gegen öffentliche ‚Massen‘verkehrsmittel, die – sie mögen unter ökologischen Gesichtspunkten oder aus Kostengründen so sinnvoll und vorteilhaft sein, wie sie wollen – immer nur sehr bedingt der eigenen Kontrolle unterliegen und vom Benutzer erfordern, daß er sein Vorhaben zusammen mit anderen (den Mitreisenden) bewältigt und sein Schicksal in die Hände eines Dritten (des Lokführers oder Busfahrers) legt.

Aufgrund der kollektiven Nutzung und der Steuerung durch Dritte, die meist anonyme ‚Fachleute‘ sind, eignen sich die öffentlichen Gemeinschaftstransportmittel auch nicht für jene Größenphantasie, die sich seit über hundert Jahren an den individuellen Gebrauch des Automobils heftet: die vom Wunsch nach Macht und Stärke durchtränkte Vorstellung, im wahrsten Sinne des Wortes Herr und ‚Lenker‘ der eigenen Geschicke zu sein – eine Leitidee, die, wie wir gesehen haben, in der

Realität allerdings immer häufiger Schiffbruch erleidet: In Anbetracht des Dranges nach Freiheit und Ungebundenheit muß es dabei eine ganz besondere Kränkung darstellen, jährlich durchschnittlich 65 Stunden im Stau festzusitzen; eine Kränkung, von der erwartet werden darf, daß sie neuerlichen aggressiven Schüben und Durchbrüchen den Boden bereitet.

An dieser Stelle kann festgehalten werden, daß das Automobil dem Individuum eine bindungsarme, kommunikationsverknappte (Schein-)Unabhängigkeit gewährt, die durch die Senkung von Hemmschwellen aggressiv-gewalttätige Entladungen erleichtert. Gerade deshalb mag das Auto in einer Gesellschaft, die ihren Mitgliedern unerbittlich ein immer höheres Maß an Selbst- und Affektkontrolle aufbürdet und in der die Entwicklung vom Fremd- zum Eigenzwang immer weiter fortschreitet[2], als Refugium, als Ort des Rückzugs und der vermeintlichen Selbstverwirklichung besonders hohe Wertschätzung genießen („My car is my castle").

Im nächsten Abschnitt wird der Frage nachgegangen, worin der ‚Krankheitsgewinn' besteht, den der Automobilmißbrauch all jenen zu bieten scheint, die mit seiner Hilfe gesellschaftlichem Druck, sozialer Bevormundung, politischer Unübersichtlichkeit und Einflußlosigkeit zu entfliehen versuchen. Dies bedeutet nicht, daß wir soziales Geschehen auf ‚Seelenleben' reduzieren wollen oder in der gesellschaftlichen Realität nur die Bühne erblicken, auf der persönliche Konflikte und Frustrationen in Szene treten. Allerdings kann wohl kaum bestritten werden, daß der Alltagskrieg aller gegen alle auf unseren Straßen manche Mitmenschen zu einer besonders aktiven und aggressiven Teilnahme verlockt.

118

In der älteren psychoanalytischen Literatur wird dem Thema ‚Automobilmißbrauch' allerdings nur wenig Bedeutung beigemessen.

Eine der wenigen Ausnahmen bildet die von Franz Alexander 1931 veröffentlichte (und 1956 in das gemeinsam mit Hugo Staub verfaßte Buch „Der Verbrecher und sein Richter" aufgenommene) Studie „Ein besessener Autofahrer". Bei dem von Alexander begutachteten Angeklagten handelte es sich – insoweit ist der Titel mißverständlich – um den einundzwanzigjährigen Kellner F., der mehrfach Taxis gemietet hatte, mit denen er sich anscheinend ziellos umherfahren ließ, ohne am Ende bezahlen zu können. Alexanders Erklärungsversuch, in einer Gerichtsverhandlung des Jahres 1930 sicher eine unerhörte Kühnheit, mutet heute eher ein wenig schlicht an: „Die Symptomhandlung – so wollen wir das triebhafte Autofahren bezeichnen – stellt sich also als eine Art Flucht im Auto dar ... Friedrich flüchtet vor seiner verdrängten Inzestliebe zu seiner Mutter, also vor seinem verdrängten Wunsch, so, als ob dieser eine äußere Gefahr wäre. Er steigt in das Auto und will vor der Gefahr, vor der Mutter, fliehen."[3]

Es ist hier nicht der Ort, die psychoanalytische Hypothese von der ödipalen Verstrickung zu diskutieren; immerhin nimmt ja auch Alexander im Grundsatz an, daß das Auto als Fluchtvehikel zur Vermeidung innerer Bindung benutzt wird. Was dabei im einzelnen geschieht, wird in jener Kasuistik aus den Jugendjahren der Psychoanalyse allerdings nicht weiter erörtert – und wäre doch der Betrachtung wert! Die größte Auffälligkeit besteht gerade darin, daß es in Analogie zu der von Psychosomatikern immer wieder beschriebenen ‚Organwahl' (die den einen an Kopfschmerzen, die andere, bei einer äußerlich vergleichbaren Konfliktlage, jedoch an Magenbeschwerden erkranken läßt) auch eine ,Maschinenwahl' gibt. Das heißt, es müßte genau jener Zusammenhang diskutiert werden, der bei Alexander außer Betracht bleibt, die Frage nämlich, warum F. für seine ,Flucht' ausgerechnet das Auto benutzt – und nicht etwa das Fahrrad oder den Schnellzug. Abgesehen von einigen vagen Bemerkungen über die „Bewegungslust", die im Fahren gesucht werde, deren Ursprung jedoch unklar sei (obwohl Alexander einen Zusammenhang mit dem Schaukeln des Säuglings durch die Mutter vermutet), geht der Autor auf dieses Thema nicht genauer ein. Hilfreicher sind die rund 30 Jahre später von einem anderen Psychoanalytiker, Michael Balint, niedergelegten Beobachtungen zur „Angstlust". Balint untersuchte zunächst den Ursprung des ,Nervenkitzels', der durch Jahrmarktattraktionen wie Karussell und Achterbahn vermittelt wird und bei dem Bewegung oft recht rasanter Art meist eine ausschlaggebende Rolle spielt. Er stellte fest, daß bei diesen Angstreizen, die von nicht wenigen Menschen lustvoll gesucht werden, „die Spannung (thrill) um so größer ist, je weiter wir uns von der Sicherheit entfernen, sei es räumlich, sei es durch Geschwindigkeit . . ."[4]

Balint betonte, daß bei den genannten Angstreizen durchaus eine reale Gefahr mitschwingen muß, und er stellte überdies fest, daß bei fast allen Spielen, in denen Spannung durch Loslösung aus der Geborgenheit erzeugt wird, der sichere Ort, den die Spielenden verlassen und wieder aufsuchen, mit ,Haus' oder ,Heim' bezeichnet wird.

Dieses Konzept der spannungsvollen, gezielt gesuchten Angstlust, die sich in einem Konflikt äußert, der um die Pole von Bindung und Lösung oszilliert, scheint durchaus geeignet, zum Verständnis des Automobilmißbrauchs beizutragen. Es sei noch angemerkt, daß Balint – in deutlicher Überdehnung des empirisch abgesicherten Ausgangspunktes – seine Hypothese von der Bewegungs-Angstlust zu einer umfassenden Typologie ausgeweitet hat: Mit deutlicher Sympathie schildert er den ‚Philobaten' (altgriechisch: Freund des Schreitens, des Wanderns), der im Durchmessen der „freundlichen Weiten" des Raumes Entspannung und Erholung findet: ein Mensch, dem die Bindung an andere Menschen unwichtig, ja gefährlich erscheint und dem das Reisen und alle anderen Formen der Fortbewegung zum hauptsächlichen Lebensinhalt geraten (Argelander hat dieses Verhalten an einem Patienten, dessen Steckenpferd die Privatfliegerei gewesen ist, minutiös geschildert[5]).

Was Balint an der Freude interessierte, die der philobatische Mensch beim Aufgeben und Wiedererlangen von Sicherheit empfindet, ist in der neueren psychoanalytischen Literatur weitgehend in die Schilderung der ‚narzißtischen' Charakterproblematik eingeflossen – in die Beschreibung einer ‚frühen' Störung, die sich im Zuge der (mangelhaften) Herausbildung von Selbstwertgefühl und Selbstliebe ausprägt, noch bevor das Individuum zur Gestaltung dauerhafter und erfüllter zwischenmenschlicher Beziehungen überhaupt in der Lage ist.

Wie der Psychoanalytiker Wolfgang Schmidbauer bemerkt, ist „die Leidenschaft von Menschen mit einer narzißtischen Charakterproblematik für Segeln, Surfen, Skifahren, Fliegen oder Autofahren ... immer wieder zu beobachten".[6] Das Automobil stellt das geradezu ideale Mittel dar, um im autonomen, von den Mitmenschen abgelösten Erleben der Geschwindigkeit und des Ortswechsels jenes „grandiose Selbst" zu demonstrieren und zu bekräftigen, das Heinz Kohut bei der Analyse narzißtischer Störungen so prägnant skizziert hat.[7] Anläßlich der Schilderung jener Charaktertypen hat Kohut nicht nur die „innere Leere", sondern auch das „Hungern" der gestörten Persönlichkeit hervorgehoben, das sich bis zur Unersättlichkeit steigern kann (zum Beispiel im Hunger nach Idealen, nach Spiegelung oder Verschmelzung).[8]

Es scheint somit alles andere als abwegig, den automobilen Bewegungs- und Freiheitsdrang, die Neigung zum getriebenen, möglichst schnellen und aggressiven Fahren als ein sozial weit verbreitetes, von mächtigen gesellschaftlichen Leitbildern wie von handfesten ökonomischen Interessen gefördertes kollektives Ausleben dieses narzißtischen Hungergefühls zu betrachten.

Natürlich handelt es sich bei den hier angeführten Zitaten um fragmentarische Äußerungen, die sich auf das Thema Automobilismus nur am Rande beziehen. Daran zeigt sich auch, wie wenig Interesse bislang an der Entwicklung einer umfassenden ‚Soziopathologie' des Automobilismus bestanden hat.

Auch in sozialmedizinischer Hinsicht wäre es durchaus von Bedeutung herauszufinden, bei wie vielen jener tödlichen Unfälle, bei denen wieder einmal ein Automobil „aus ungeklärter Ursache" (und natürlich „mit überhöhter Geschwindigkeit") von seiner Fahrbahn „abgekommen" ist, eine jener in anderen Zusammenhängen detailliert beschriebenen „narzißtischen Krisen" zumindest als Teilursache zugrunde gelegen haben mag.[9]

Enid Balint hat die Meinung vertreten, das philobatische Verhalten verzichte auf unmittelbare Befriedigung im zwischenmenschlichen Kontakt und versuche sich statt dessen „an der Überwindung der unbefriedigenden Räume und Zeiten zwischen den einzelnen Befriedigungen."[10] Michael Balint betont die hierzu notwendige „Geschicklichkeit, um sich allen Maschinerien zu überlassen."[11] Wie bereits erwähnt, scheint der getriebene Automobilist mit seiner rollenden Maschine sein „grandioses Selbst" zu demonstrieren, es aus inneren Nöten und Mängeln heraus immer wieder unter Beweis stellen zu müssen. Es handelt sich um eine von der Bindung an Mitmenschen unabhängige, weil im Kern bereits vor der Entwicklung stabiler Beziehungen angebahnte (und deshalb als ‚narzißtisch' bezeichnete) Größenphantasie, in der

„es um die Verschmelzung mit einem umfassenden Medium geht, nicht um die Möglichkeit einer Triebbefriedigung durch Beziehungen zu abgrenzbaren, vollständigen Personen. Dabei tritt der typische Rauschzustand dann auf, wenn die Bewegung als solche passiv ist, ihr Verlauf jedoch aktiv bestimmt wird. (...) Der Flieger, der Autorennfahrer, der Segler bewegen sich nur wenig, doch steuern sie durch ihre Bewegungen mächtige Apparate, die sie mütterlich umschließen wie früher der Uterus. Sie sind Lenker und Opfer dieser Apparate zugleich, sie können bei glatter Fortbewegung die Illusion genießen, ihre Kräfte zu vervielfachen und die dem gewöhnlichen Gang gesetzten Grenzen mühelos zu überschreiten. Überschätzen sie ihre Macht, fallen sie dem Rausch der Geschwindigkeit zum Opfer. (...) Die fließende, grenzenlose Verschmelzung mit der Geschwindigkeit endet in einem Aufprall, der die Maschine als todbringenden Apparat entlarvt. Im Geschwindigkeitsbedürfnis und in der mit ihm verbundenen Angstlust (die sich im Motorsport, Skifahren oder Segelfliegen bzw. Fallschirmspringen und Drachenfliegen äußern kann) werden zwei Grundbedürfnisse erfüllt, die in Objektbeziehungen unvereinbar sind: die passive Befriedigung (die in einer Objektbeziehung wegen der durch sie drohenden Abhängigkeit gefürchtet wird) einerseits, die aktive Kontrolle über die befriedigende Situation andererseits. Maschinen sind für eine Person, die andere Menschen häufig als enttäuschend erlebt hat, vertrauenswürdiger als Menschen. Sie sind rational aufgebaut und gehorchen vollständig berechenbaren Gesetzen."[12]

Da die eigene Unersättlichkeit – die aus früher Enttäuschung und Frustration herrührt – samt dem ihr innewohnenden Wunsch nach grenzensprengender, unpersönlicher Verschmelzung im Kontakt mit anderen Menschen notwendig Schiffbruch erleidet, bietet sich der Kraftwagen als Fluchtpunkt der eigenen Existenz, als Zentrum der subjektiven Welt geradezu an: In der bindungslosen Rastlosigkeit, wie sie im bergenden, der Eigenkontrolle gehorchenden Automobil verwirklicht werden kann und die weder Kommunikation noch ‚Beziehungsklärung‘ erfordert, wird Unabhängigkeit, Freiheit, Zutrauen in die eigene Macht und Stärke erfahrbar. (Das konterkarierende Erlebnis, hilflos im Stau zu stecken, führt nicht zur Korrektur dieser unbewußten Strategie, sondern mobilisiert eher Aggressionen gegen Dritte.)

Wir können das Automobil somit als eine zur Wahrung der inneren Homöostase und zur Bekräftigung des „grandiosen Selbst" benutzte Raum-Zeit-Wandlungsmaschine verstehen. Mit ihr hantiert der früh in seiner Charakterentwicklung gestörte, in der Beziehung zu anderen enttäuschte und Abhängigkeit fürchtende Mensch besonders gerne (und besonders aggressiv), da die von ihr gebotene, vermeintlich autonome, in Wirklichkeit a-soziale Bewegungsfreiheit in den „freundlichen Weiten" der Welt den erstrebten Gegenpol zur eigenen Beziehungsarmut, zur ‚Objektlosigkeit', liefert. Das süchtige Ausgreifen in den Raum, das zwanghafte Fahren ist ein Spiegelbild der seelischen Verarmung, der inneren Leere vieler moderner Menschen – was schon dem Dichter Gottfried Benn auffiel, der sein Gedicht „Reisen" mit folgender Strophe enden ließ:

> ach, vergeblich das Fahren!
> Spät erst erfahren Sie sich:
> bleiben und stille bewahren
> das sich umgrenzende Ich.[13]

Das ‚philobatische Geschwindigkeitsbedürfnis', das in einer spezifischen, von frühen Mängeln und Entbehrungen geprägten Charakterentwicklung wurzelt, mag in vielen Fällen zur Erklärung des Automobilmißbrauchs beitragen. Dennoch bleibt eine Lücke zwischen der (theoretisch erschlossenen) individuellen seelischen Disposition und dem (beobachtbaren) Kollektivverhalten im Straßenverkehr. Wie eingangs erwähnt, halten wir es nicht für zulässig, soziales Geschehen auf psychologische Faktoren zu reduzieren.

Einen zum Verständnis dieser komplexen Vorgänge äußerst wichtigen Schlüsselbegriff hat der Psychoanalytiker Johannes Cremerius beigesteuert: das Konzept der „soziofunktionalen Einpassung" seelischer Konflikte und Störungen. Cremerius hatte beobachtet, daß manche seiner Patienten, insbesondere aus der Schicht der Reichen und Mächtigen, das heißt aus der sozialen Elite, sich seelisches Leiden ersparen oder dieses doch zumindest lindern können, indem sie ihre Konflikte und Störungen sozial angepaßt ausleben, sie gleichsam in einer „ökologischen Nische" unterbringen. „Es ist", so Cremerius, „sozusagen eine kategoriale Qualität des Ichs, neurotische Konflikte so in der Realität unterbringen zu können, daß sie nicht mehr als solche erkannt werden, daß sie voll und ganz situationsangepaßt erscheinen."[14] In privilegierten Schichten mit ihren Freiräumen und ihrer Fülle an politischen und ökonomischen Möglichkeiten sind die Chancen hierzu natürlich am besten. Doch läßt sich auch ganz generell feststellen, daß ‚Selbstheilungen' schwerer innerer Konflikte durch gelungene Einpassung in äußere Verhältnisse keine Ausnahmeerscheinungen bilden: „Da sie sich vornehmlich unter besonderen Umständen wie Kriegen, Revolutionen, Verfolgungen, Pogromen, Religionskriegen etc. ereignen, an die man nicht gerne zurückdenkt, weil sie unser auf Ideologien aufgebautes Selbstverständnis ins Wanken bringen, sind sie wenig bekannt."[15]

Die Frage ist nun, inwiefern nicht auch der Alltagskrieg auf unseren Straßen, das heißt der massenhafte Gebrauch und Mißbrauch von Kraftfahrzeugen eine „ökologische Nische" eröffnet, in der pathologische Verhaltensweisen der genannten Art ihr demokratisches Aufenthaltsrecht finden, ob sich Seelenstörungen von Krankheitswert auf unseren Straßen ein Refugium bietet, in dem diese weitgehend hemmungslos ‚ausgetobt' und damit soziofunktional eingebunden werden können.

Daß eine solche Nische, ein derartiges Refugium entsteht, ja massenhaft gesucht und besetzt wird, wirft ein bezeichnendes Licht auf unser Gemeinwesen und seinen Zwang zu beständiger Selbstdisziplin und Affektkontrolle, zur Ausrichtung an fremdbestimmten, kaum noch überschaubaren Normen, Pflichten und Leistungsvorgaben. Wo diese Bürde der Einordnung und Einpassung in ein unübersichtliches, für den einzelnen kaum beeinflußbares Ganzes immer drückender wird, tritt der ‚Motorkraftwagen‘ und seine aggressive Nutzung im Straßenverkehr partiell an die Stelle früherer, inzwischen jedoch vernichteter Freiräume. Wo kein Rückzug in die Wälder, keine Flucht in die Einöde, kein Eremitendasein mehr sozialen Abstand ermöglicht, wird im zwanghaft gesuchten Ortswechsel das Instrument der Bewegung selbst zum vergötterten Lustobjekt, zum verehrten und gepflegten Mittel, das die Distanz von der Gesellschaft und ihren Pflichten und Zwängen erlaubt. In beständiger Flucht vor den anderen und vor sich selber wählt der rastlose Mensch das Fahr-zeug zum Halte- und Fixpunkt seines fortwährend beschleunigten Daseins.

Im massenhaften, modernen Automobilmißbrauch vermittelt sich beides: die Bindungslosigkeit und die Flucht vor der Kommunikation bei gleichzeitiger rauschhafter Fixierung auf Geschwindigkeit und Mobilität – zugleich jedoch der Wunsch nach Eigenem, nach einem kraftvoll-leblosen Objekt der Begierde. Hier ist der archimedische Punkt, der Ort der Weltflucht und des Rückzugs, von dem aus sich der Automobilist kraftvoll und aggressiv einer als undurchschaubar, ja feindselig erlebten Gesellschaft gegenüberstellt, bereit, diese temposüchtig ‚aus den Angeln‘ zu heben.

Wie erklärt es sich nun, daß gerade wir Deutschen so extrem anfällig für die geschilderte Form des Automobilmißbrauchs sind? Zunächst muß betont werden, daß sich auch im automobilistischen Verhalten der Deutschen ein deutlicher sozialer Wandel vollzogen hat. Der steif auf seinem Fahrersitz thronende, mit 75 Stundenkilometern die Überholspur der Autobahn blockierende Besitzer eines liebevoll gewienerten Opel Kadett (oder in früheren Zeiten: eines Ford Taunus), bei dem eine auf der Hutablage hinter dem Rückfenster prangende, unter einer Häkeldecke verborgene Klopapierrolle hintersinnig an das erinnert, was der Psychologe eine „anale Problematik" nennt, dürfte in der Tat einer aussterbenden Spezies angehören. Seine Rolle hat heute eher der sportlich gekleidete GTI-Pilot eingenommen, der, den Ellenbogen lässig aus dem Fenster gelehnt, mit seiner 300-Watt-Stereoanlage die ganze Umgebung in Schwingung versetzt. Von den mit Autonummern bestickten Kissen früherer Tage führt die Entwicklung unaufhaltsam zu getönten Scheiben und Heckspoilern. Was die Bilanzen der Konzerne und der Zubehörindustrie in die Höhe treibt, scheint allerdings, unter Berücksichtigung der seelischen Dynamik, eher ein regressiver Trend zu sein.

Nun, diese Anmerkungen sollten nicht allzu ernstgenommen werden. Ganz anders verhält es sich allerdings mit der Überlegung, daß der Gebrauch technischer Machtmittel als Selbstheilungsversuch angesichts tiefgreifender narzißtischer Kränkungen und schwerer Störungen des Selbstwertgefühls sich nicht unbedingt auf das Leben der Individuen beschränken muß – er kann durchaus auch im Leben der Völker eine Rolle spielen.

Die Niederlage von 1918 und der nachfolgende Friedensschluß von Versailles stellten für das Selbstwertgefühl vieler Deutscher gewiß eine enorme Kränkung dar;

kein Wunder, daß entlastende Legenden wie „im Felde unbesiegt" oder vom „Dolchstoß" und den „November-verbrechern" schon bald eine Hochkonjunktur erlebten.

Die weitverbreitete Idee, am deutschen Wesen solle die Welt genesen, der Traum von Kolonialbesitz, Weltgeltung und einem „Platz an der Sonne" ging in einem blutigen Krieg zugrunde. Bertrand Russell schrieb schon 1935, „der Hitlerische Wahnsinn unserer Tage ist ein aus Götter- und Heldensagen gewobener Mantel, in den sich das deutsche Ich hüllt, um nicht im eisigen Wind von Versailles zu erstarren".[16] Ist es da verwunderlich, wenn in der Weimarer Zeit Rennbegeisterung und Temposucht um sich griffen?

Ein wahnwitziger, jedoch keineswegs ungeschickt kalkulierender Adolf Hitler konnte sich bei seinem Versuch, den Waffengang von 1914–1918 neu zu wagen, die Unterstützung eines großen Teils seines Volkes sichern; zur Verbreitung seiner aggressiven Ideologie bediente er sich eines raffinierten Propagandaapparats. Durch den Einsatz neuer Medien (Wochenschau, Volksempfänger) gelang es ihm, sich die Technikbegeisterung der Zeitgenossen zunutze zu machen. Besonders deutlich wird der Größenwahn Hitlers in seiner ständigen Rede von den ‚Wunderwaffen'. Auch Autobahn und Volkswagen waren in gewisser Weise Wunderwaffen des Nationalsozialismus.

In seinem bereits zitierten Aufsatz über „die geistigen Väter des Faschismus" bezeichnet Russell den Nationalsozialismus als „die natürliche Reaktion von Menschen, die gewohnt sind, moderne Maschinen, wie etwa Flugzeuge, zu beherrschen, und zugleich von Menschen, die weniger Macht als ehemals besitzen, aber keine vernünftige Begründung für die Wiederherstellung ihres früheren Übergewichts finden können"[17] – und dies in einer Zeit, in der Krieg und Industrialisierung viele Menschen an technische Macht gewöhnt hatten. Auch der Psychoanalytiker Erikson glaubte, Hitler versuche, „ein Zeitalter vorwegzunehmen, das eine motorisierte Welt als natürlich empfindet, und es mit dem Bild einer totalitären Staatsmaschine zu verschmelzen."[18]

Was Hitler versprochen hatte, die Motorisierung für alle, wurde in der Bundesrepublik Wirklichkeit – und zwar abermals nach einer Phase nicht nur des ökonomisch-politischen, sondern auch des seelischen Zusammenbruchs, bei dem sich an die Kränkung der Niederlage auch die Schmach heftete, in den Augen der Weltöffentlichkeit in noch weit höherem Maße als 1918 als Verbrecher zu gelten. Und dennoch: Trotz Zerstörung und Reparationen rollten schon bald wieder deutsche Automobile vom Band und erwiesen sich als zugkräftiger Exportartikel. Die deutsche Automobilsucht, wie sie bereits vor 1933 kräftig blühte und dann nach 1949 ihre Früchte trug, erweist sich somit als doppeltes Rudiment eines an der Realität zweifach gescheiterten, untergründig-innerlich aber um so kräftiger nachwirkenden, kollektiven „grandiosen Selbst".

1909 hatte Marinetti in seinem ‚Futuristischen Manifest' verkündet:

„Wir wollen die Liebe zur Gefahr besingen, die Vertrautheit mit Energie und Verwegenheit ... Wir erklären, daß sich die Herrlichkeit der Welt um eine neue Schönheit bereichert hat: die Schönheit der Geschwindigkeit ... Wir wollen den Krieg verherrlichen – diese einzige Hygiene der Welt –, den Militarismus, den Patriotismus, die Vernichtungstat der Anarchisten, die schönen Ideen, für die man stirbt, und die Verachtung des Weibes ..."[19]

Fünf Jahre nach Marinettis Manifest mit seinem Lobgesang auf Krieg und Geschwindigkeit entbrannte der Erste Weltkrieg. Der Traum von Stärke und Weltmacht, zweimal blutig gescheitert, scheint allerdings noch heute im Alltagskrieg auf unseren Straßen seinen Nachhall zu finden.

Anmerkungen

1 „Eine überdurchschnittlich hohe Unfallrate bei allradgetriebenen Pkw meldete der HUK-Verband der Autoversicherer – nicht die Technik ist daran schuld, sondern die Psyche der Fahrer. Die ausgezeichnete Traktion auf Eis und Schnee kann leicht über den gefährlichen Straßenzustand hinwegtäuschen und zu forscher Fahrweise verleiten ... Die Assekuranzen haben sich schon abgesichert und bei den Allradfahrern abkassiert. Kaskoversicherungen für einen Audi 80 quattro beispielsweise kosten fast 70 Prozent mehr als die Prämie für den gleichen Wagen mit Frontantrieb." Der Spiegel, Nr. 10/1987.

2 Diese Eigentümlichkeit des Zivilisationsprozesses wurde eingehend beschrieben von N. Elias: Der Prozeß der Zivilisation (2 Bde.). Frankfurt a. M. 1976.
Vgl. auch den ersten, historischen Teil in T. Bastian: Herausforderung Freud. Stuttgart 1989.

3 F. Alexander: Ein besessener Autofahrer (1931). In: T. Moser (Hrsg.): Psychoanalyse und Justiz. Frankfurt a. M. 1971, S. 396.

4 M. Balint: Angstlust und Regression (1960). Reinbek 1972, S. 20 f.

5 H. Argelander: Der Flieger. Frankfurt a. M. 1972.

6 W. Schmidbauer: Die Ohnmacht des Helden. Unser alltäglicher Narzißmus. Reinbek 1981, S. 55.

7 H. Kohut: Narzißmus. Frankfurt a. M. 1973.

8 H. Kohut u. E. Wolf: Die Störungen des Selbst und ihre

Behandlung. In: Psychologie des 20. Jahrhunderts. Band X. München 1980.

9 H. Henseler: Narzißtische Krisen. Zur Psychodynamik des Selbstmords. Reinbek 1974.

10 In: Balint, a. a. O., S. 108.

11 Ebd., S. 113.

12 W. Schmidbauer: Alles oder Nichts. Über die Destruktivität von Idealen. Reinbek 1980, S. 210 f.

13 G. Benn: Gedichte. Stuttgart 1988, S. 124.

14 J. Cremerius: Vom Handwerk des Psychoanalytikers: Das Werkzeug der psychoanalytischen Technik. Stuttgart-Bad Canstatt 1984, Bd. 2, S. 219 ff.

15 Ebd.

16 B. Russell: Die geistigen Väter des Faschismus (1935). In: Philosophische und politische Aufsätze. Stuttgart 1971, S. 127.

17 Ebd., S. 128.

18 E. H. Erikson: Kindheit und Gesellschaft. Stuttgart 1960, S. 346.

19 Zit. nach Chr. Baumgarth: Geschichte des Futurismus. Reinbek 1966.

Autowahn – wo soll das alles enden?

Perspektiven, Hoffnungen, Möglichkeiten

Bislang haben wir zahlreiche Aspekte des Automobilmißbrauchs erörtert, wobei unser Hauptaugenmerk auf den unmittelbaren gesundheitlichen Auswirkungen dieses Mißbrauchs lag.

Nochmals sei betont: Automobilmißbrauch liegt immer dann vor, wenn der Kraftwagen zum Güter- und Personentransport eingesetzt wird, ohne daß die Notwendigkeit dieses Transportes vernünftig, das heißt unter Berücksichtigung der sozialen und ökologischen Auswirkungen begründet werden kann. Eine solche vernunftorientierte Strategie würde den Automobileinsatz gewiß auf das absolut notwendige, sozial und ökologisch noch verträgliche Maß zu reduzieren versuchen. Da die Benutzung des Automobils aber häufig gar nicht zur Bewältigung von Transportproblemen erfolgt, sondern sich zumindest teilweise aus anderen, dem Bewußtsein häufig gar nicht unmittelbar zugänglichen Motivationsquellen speist, müssen die Chancen einer solchen Strategie zur Verringerung des Automobilverkehrs leider skeptisch beurteilt werden.

Der Pkw-Bestand in der Bundesrepublik nimmt jedenfalls weiter zu und wird innerhalb kürzester Zeit die 30-Millionen-Marke überschreiten. Damit hätten wir in unserem Land eine Pkw-Dichte von 500 Fahrzeugen pro 1000 Einwohner erreicht.

Auch die Jahresfahrleistung pro Pkw steigt weiter. Sie

betrug 1988 14300 Kilometer und wächst vermutlich auf über 15000 km an. Legen wir einen leicht sinkenden Benzinverbrauch zugrunde und kalkulieren mit 9 Litern Kraftstoff pro 100 Kilometer, so werden 1989 alleine durch die Personenkraftwagen der Bundesbürger 40 Mrd. Liter Sprit verbraucht. Der Lkw-Verkehr ist in dieser Rechnung noch gar nicht berücksichtigt (für ihn wird mit Steigerungsraten um 40 Prozent gerechnet). Insgesamt entfiel im Jahr 1988 ungefähr ein Viertel des Primärenergieverbrauchs auf den Verkehrssektor.[1]

Die Bundesbahn stellt für die Verkehrsteilnehmer leider keine Alternative dar: Während zwischen 1965 und 1988 fast 100000 Kilometer neue Straßen gebaut wurden, hat die Bundesbahn im selben Zeitraum 3000 Kilometer Schienenstrecke stillgelegt.

Entlastungsmaßnahmen wie Umgehungsstraßen können dem wachsenden Verkehrsaufkommen kaum begegnen. Nehmen wir zum Beispiel Isny im Allgäu, wo einer der Autoren lebt. Der Bahnhof ist geschlossen, die Bahnstrecke Isny–Kempten wurde 1985 eingestellt. Der umfangreiche Schwerverkehr quält sich durch die engen Straßen der historischen Altstadt. Eine Umgehungsstraße soll Abhilfe bringen. Diese Maßnahme wird freilich mit schweren Eingriffen in die Landschaft erkauft werden müssen. Man hofft, dadurch eine Verkehrsreduzierung um 20 Prozent zu erreichen.

Ein besonders neuralgischer Punkt ist das ‚Wassertor‘, ein altes Stadttor, das nur einspurig passiert werden kann und immer wieder von rücksichtslosen Lkw-Fahrern beschädigt wird. Nehmen wir an, dieses Tor würde pro Stunde von 100 Fahrzeugen durchquert und nehmen wir weiter an, die neugebaute Umgehungsstraße könnte diesen Verkehrsfluß tatsächlich um 20 Prozent verringern. Wenn das Gesamtverkehrsaufkommen, also Pkw- und Schwerverkehr, im selben Zeitraum um 25 Prozent steigt (womit, wie oben angedeutet, vor allem durch das Anwachsen des Güterverkehrs im Rahmen des europäischen Binnenmarktes durchaus zu rechnen ist), fahren 1992 immer noch 100 Fahrzeuge pro Stunde durch das Wassertor und plagen die Anwohner mit Lärm und Gestank. Die ‚Entlastungsstraße' bringt letztendlich also keine Entlastung, sondern kann allenfalls verhüten, daß es noch schlimmer kommt.

Oder wählen wir als Beispiel eine Großstadt wie München. Am 23. 3. 1989 berichtete die ‚Süddeutsche Zeitung' über eine noch unveröffentlichte, vom städtischen Planungsreferat in Auftrag gegebene Studie mit dem Titel „Verkehrsuntersuchung Münchner Osten". In dieser Untersuchung prognostizierten die Gutachter, daß bis zum Jahr 2000 die Gesamtverkehrsleistung in der Innenstadt um 10 Prozent auf 16,2 Mio. Autokilometer pro Tag steigen werde; für das Umland seien noch höhere Zuwachsraten zu erwarten (bei den Pkws wird von einem 26prozentigen Zuwachs, bei den Lkws von einem 10prozentigen ausgegangen). Die Fahrtenzahl werde sich um 5,5 Prozent erhöhen und die Einzelfahrt von durchschnittlich 12 auf 15 Kilometer verlängern. Auf einzelnen Abschnitten des Mittleren Rings, etwa im Bereich der Kennedy-Brücke, würden sich dann täglich 91 000 Fahrzeuge entlangwälzen (derzeit sind es 56 000 Autos pro Tag). Einziger Ausweg aus dieser Misere nach Meinung der Planer: neue und breitere Straßen.

Das bisher Gesagte zeigt eins deutlich: Durch Umlenkungsmaßnahmen und durch Umverteilung (nichts anderes wird durch den Bau neuer Straßen bewirkt) läßt sich das Problem des Straßenverkehrs nicht lösen. Der Schlüssel, der die Tür zu einer halbwegs menschengemäßen Zukunft und zu einem schonenderen Umgang mit unserer natürlichen Umwelt öffnet, liegt in der Verminderung der Fahrleistung. Je weniger Brennstoff im Motor eines Kraftwagens verbrannt wird, desto geringer die Umweltbelastung: Es gibt keine Ausflüchte vor dieser simplen, alles bestimmenden Gleichung. Gewiß ist es wichtig, Automobile so zu bauen, daß ihre Motoren sparsamer sind – fährt das neue Auto aber alsbald weitere Strecken und mit höherer Geschwindigkeit, wird es dennoch pro Zeiteinheit eine höhere Treibstoffmenge verbrauchen, so daß von der technisch möglichen Einsparung unter dem Strich nichts übrigbleibt.

Die Verteuerung des Treibstoffes durch Umlage der Kraftfahrzeugsteuer auf den Preis von Benzin und Dieselöl ist gewiß ein Schritt in die richtige Richtung (er darf, wie noch zu zeigen sein wird, freilich nicht vereinzelt bleiben). Warum soll ein Pkw-Halter, der pro Jahr 10000 Kilometer fährt, mit derselben Steuersumme belastet werden wie ein anderer, der 50000 Jahreskilometer zurücklegt und dabei entsprechend mehr Sprit verbrennt? Das Argument, eine solche Steuerpolitik sei ‚unsozial‘, weil sie vor allem die ‚kleinen Leute‘ treffe, geht völlig an der Sache vorbei. *Wie sonst* soll denn die das Weltklima aufheizende Produktion von CO_2 vermindert werden, wenn nicht die Zahl der 130 Mio. Automobilfahrten verringert wird, die die Bundesbürger pro Tag unternehmen (mit einer durchschnittlichen Distanz von 9,2 Kilometern, das heißt einer insgesamt zurückgelegten Strecke von 1,2 Mrd. Autokilometern täglich)? Und *wie sonst* soll diese Autofahrleistung bzw. der von ihr bedingte Treibstoffverbrauch (108 Mio.

Liter täglich) reduziert werden, ohne in das Leben der
‚kleinen Leute' einzugreifen? Nur durch Besteuerung
von Luxuskarossen ist das Verkehrsproblem gewiß
nicht zu bewältigen. Treibstoffverteuerung ist eine
wichtige und richtige Forderung, die für sich allein allerdings unzureichend bleibt. Neben der Verringerung
der Fahrleistung (als der letzten Endes ausschlaggeben-
den Größe) müßte gleichzeitig eine Verringerung des
Benzinverbrauchs und eine Herabsetzung der Höchstgeschwindigkeit angestrebt werden.

Gegen eine Verbrauchsreduzierung dürfte wohl niemand Einwände erheben. Wichtig ist es allerdings, der
Industrie strikte Vorgaben und Auflagen zu machen –
die Konstruktionsabteilungen der Automobilkonzerne
sind für solche Eventualitäten zwar längst gerüstet, nüt-
zen aber verständlicherweise die Langmut der Regie-
renden aus.

Umstrittener als der Benzinverbrauch ist die Frage
der Höchstgeschwindigkeit. Unstrittig ist freilich, daß

Automobilbedingter Stickoxidausstoß in Abhängigkeit von
der Reisegeschwindigkeit

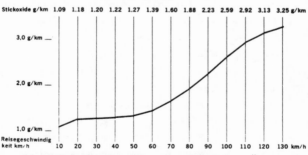

(Aus: Informationsblatt der Schweizer Ärzte
für Umweltschutz, o.J.)

ein Auto, das schnell fährt (siehe S. 137), auch mehr Treibstoff verbraucht und dementsprechend mehr Schadstoffe freisetzt als ein langsamer fahrendes. Es handelt sich, wie sich am Beispiel des Stickoxidausstoßes zeigen läßt, um eine nicht unbeträchtliche Steigerung.

Neben der Vermeidung von Umweltbelastungen spricht auch der Sicherheitsaspekt für Tempobegrenzungen: Überhöhte Geschwindigkeit ist (neben Alkoholeinfluß) seit Jahren eine der häufigsten Ursachen bei Automobilunfällen mit tödlichem Ausgang.

Weniger bekannt ist, daß ein optimaler Verkehrsfluß eine bestimmte (niedrige!) mittlere Reisegeschwindigkeit erfordert – mit anderen Worten: Die Raser verursachen selber jene Staus, in denen sie dann steckenbleiben und schimpfen!

Die Überlegung ist einfach: Die Zahl der Automobile, die in einer bestimmten Zeit eine bestimmte Strecke passieren können (der ‚Durchsatz' eines beliebigen Autobahnabschnittes zum Beispiel) hängt von der Geschwindigkeit dieser Autos ab, aber auch von dem Abstand, den sie zueinander halten müssen. Je höher dieser ‚Durchsatz' ist, desto besser fließt der Verkehr.

Um die Unfallgefahr gleichbleibend niedrig zu halten, muß – das ergibt sich aus dem ‚quadratischen Abstandsgesetz' – der Sicherheitsabstand zwischen den Fahrzeugen schneller wachsen als die Höchstgeschwindigkeit. Das heißt, wenn bei Tempo 100 noch die Faustregel „Sicherheitsabstand = halber Tacho = 50 Meter" gelten kann, stimmt dies bei einer Geschwindigkeit von 150 Stundenkilometern nicht mehr; hier muß der Sicherheitsabstand 75 Meter + X betragen. Diese Größe X bewirkt es nun, daß, obschon die Automobile um 50 Prozent schneller fahren und eine gegebene Strecke damit auch um 50 Prozent schneller passieren können, insgesamt aber (bei korrektem Sicherheitsabstand) pro Zeiteinheit weniger Autos diese Strecke passieren: der ‚Durchsatz' sinkt![2]

In der Praxis halten sich die Autofahrer natürlich nicht an diese Regel: sie drängen einander beiseite, fahren dicht auf, benutzen die Lichthupe – die Folge: gefahrenträchtige Situationen, riskante Überhol- und Bremsmanöver, Auffahrunfälle, in die manchmal Dutzende von Fahrzeugen verwickelt sind. Abgesehen von allen anderen Folgen, von Sachschäden, Verletzten und Toten, hat dies zur Konsequenz, daß der Verkehrsfluß nun erst recht stockt.[3]

Hohe individuelle Reisegeschwindigkeiten und eine riskante Fahrweise – die vermutlich aus den im letzten Kapitel untersuchten Motiven rühren – sind eben keine Garantie für ein rasches Vorwärtskommen, im Gegenteil. Und was das Fortkommen aller, das heißt den Verkehrsfluß insgesamt anbelangt (von der Verkehrssicherheit ganz zu schweigen), so wird er durch diese risikobetonte, geschwindigkeitsorientierte Fahrweise keineswegs gefördert.

Auch hier stellt sich die Frage, ob es angebracht ist, die erforderliche Tempobegrenzung allein durch Vorschriften und entsprechende Kontrollen erzwingen zu wollen – oder ob es nicht sinnvoller wäre, Automobile grundsätzlich nicht unter dem Blickwinkel höchster Spitzengeschwindigkeiten und möglichst rasanter Beschleunigung zu entwerfen und zu bauen, sondern andere konstruktive Prioritäten zu setzen wie zum Beispiel Bequemlichkeit, Raumkomfort, Bedienungsfreundlichkeit usw. Zugleich könnten Tempostaten (Geschwindigkeitsbegrenzer) eingesetzt werden, um

Autofahrer rasen wie im „Blindflug"

Bis 1992 sollen auf der A 9 flexible Verkehrszeichen eingesetzt werden

Von Petra Behrend

Allershausen – Weil ein Großteil der Autofahrer auf der Autobahn A 9 Nürnberg-München viel zu schnell und mit zu geringem Sicherheitsabstand fährt, kommt es besonders zwischen den Autobahnkreuz Holledau und der Landeshauptstadt München immer wieder zu schweren Unfällen. Zuletzt rasten am vergangenen Sonntagvormittag insgesamt 115 Fahrzeuge ineinander. 26 Menschen wurden dabei verletzt. Warum es zu dieser Massenkarambolage kam, kann die Polizei diesmal ganz genau sagen, denn in unmittelbarer Nähe des Unfallortes bei Kilometerstein 499 nahmen die Beamten auf der Kienberger Brücke gerade Geschwindigkeitsmessungen vor.

Trotz verminderter Sicht von lediglich 50 Metern und starken Regens hatte man in nur etwas über einer Stunde bereits 91 Fahrer, die schneller als 125 Kilometer pro Stunde gefahren waren, ermittelt. Weil die Geschwindigkeit messende Beamte Erste Hilfe leisten mußte, wurde die Kontrolle abgebrochen, so Vertreter der Polizei gestern während einer Pressekonferenz in Allershausen.

Die Polizei nahm diese jüngsten Vorfälle zum Anlaß, um die Autofahrer einmal mehr über die Gefahren des zu schnellen Fahrens besonders auf diesem unfallträchtigen Streckenabschnitt bei Allershausen zu warnen und sie auf die verstärkten Kontrollen der Polizei hinzuweisen. Bis 1992, so wurde angekündigt, soll ferner nach dem Vorbild Irschenberg zwischen dem Autobahndreieck Holledau und der Ausfahrt Freimann an der A 9 eine automatische verkehrsgerechte Beschilderung installiert werden, die flexibel auf Witterungsverhältnisse und Verkehrsverdichtung reagiert und die Kraftfahrer entsprechend informiert. Bayernweit will die Polizei in den kommenden Jahren bis zu 100 Millionen Mark für die Installation solcher Lichtzeichenanlagen investieren, hieß es weiter.

Xaver Donaubauer, stellvertretender Präsident des Polizeipräsidiums Oberbayern, und seine Kollegen sind davon überzeugt, daß sich die meisten Unfälle auf der A 9 durch langsameres Fahren und die Einhaltung eines angemessenen Sicherheitsabstandes vermeiden ließen. Die Autofahrer fühlten sich zu sicher und überschätzten sich selbst, hieß es. Am vergangenen Sonntag seien sie trotz schlechter Sichtverhältnisse von nur 50 Metern wie im „Blindflug" dahingebraust. Daß dies kein Einzelfall ist, erläuterte Polizeihauptkommissar Günter Blaschek von der zuständigen Verkehrspolizeiinspektion in Freising anhand vergangener Geschwindigkeitsmessungen. Laut Blaschek haben bis zu 51 Prozent der in diesem Jahr an der A 9 „geblitzten" Autofahrer die bei Nässe vorgeschriebene Geschwindigkeitsbegrenzung von Tempo 100 um mehr als 25 Kilometer pro Stunde überschritten. Insgesamt wurden allein im zurückliegenden Halbjahr 977 Kraftfahrer mit über 125 Kilometer pro Stunde gemessen. Sie alle müssen mit einer Anzeige in Flensburg rechnen. „Auf die Meßzeit umgerechnet waren je Minute 1,6 Anzeigen fällig. 56 Fahrzeuglenker müssen mit einem Fahrverbot rechnen. Das bedeutet, daß bei einer Regenmessung alle zehn Minuten ein Autofahrer seinen Führerschein los wurde", sagte Donaubauer.

Rein statistisch gesehen, sei die seit 1987 verstärkt vorgenommene Geschwindigkeitsüberwachung – die Polizei setzt verstärkt zivile Pkw und Motorräder mit Radarmeßgeräten sowie Lichtschranken und Abstandsmeßanlagen ein – durchaus erfolgreich gewesen, so Blaschek. Die Zahl der großen Serienunfälle sei nämlich trotz der jüngsten Massenkarambolage insgesamt zurückgegangen. Vermehrt registriert die Polizei jedoch neuerdings Lkw-Unfälle. Sie schlägt daher auf dem genannten Streckenabschnitt der A 9 bei Nässe ein Tempolimit von 60 für LKW vor.

(Aus: Süddeutsche Zeitung, 7. 9. 1989)

die Einhaltung der Geschwindigkeitsregelungen zu garantieren. Rein technisch gesehen stellt all dies kein Problem dar. Entscheidend ist der politische Wille, dem allerdings ein grundlegendes Umdenken vorausgehen muß. Und das ist keineswegs nur Sache der Politiker.

Die Verteuerung des Treibstoffs zur Reduzierung der Gesamtfahrleistung, eine Verbrauchsminderung mit dem Ziel geringerer Umweltbelastung, Temporeduzierung und entsprechende konstruktive Auslegung des Automobils zur Verminderung des Schadstoffausstoßes und zur Erhöhung der Verkehrssicherheit – das sind verkehrspolitische Sofortmaßnahmen, die wenig kosten und leicht zu realisieren sind. Ihnen ist gemeinsam, daß sie am Automobil selbst ansetzen und dieses sozial- und umweltverträglicher zu gestalten versuchen.

Derartige Steuerungsversuche könnten und sollten durch ein Bündel flankierender Maßnahmen ergänzt und unterstützt werden: durch Nachtfahrverbote für Lkws, Schwerverkehrsabgaben und Straßenbenutzungsgebühren, die der stillschweigenden Subvention ein Ende bereiten und die Transportkosten realistisch gestalten würden, durch andere Verkehrsführung und ‚verkehrsberuhigte Zonen' in den Innenstädten usw. Auch hier liegen gute und vernünftige Vorschläge in Hülle und Fülle schon lange auf dem Tisch – es kommt darauf an, sie endlich umzusetzen.

Alle Versuche zur Ausdünnung und Lenkung des Automobilverkehrs werden allerdings letzten Endes erfolglos bleiben, wenn sie nicht von einem verbesserten Angebot im nicht-automobilen Verkehrs- und Transportwesen begleitet werden. Der öffentliche Personennahverkehr auf regionaler und kommunaler Ebene wie auch die Deutsche Bundesbahn bedürften einer völlig anderen politischen Unterstützung, als sie derzeit gegeben ist.

Auch dieses Problem ist altbekannt; es existieren detaillierte, bis in die Einzelheiten ausgearbeitete Pläne dafür, wie eine Umgestaltung auszusehen hätte. Abermals scheint es ein Mangel an politischem Gestaltungswillen zu sein, der alle verkehrspolitischen Reformen blockiert. ,Neues Denken', wie wir es von anderen, namentlich östlichen Ländern heute ganz selbstverständlich erwarten und fordern, ohne es jedoch im eigenen Land auch nur ansatzweise in die Tat umzusetzen, müßte vor allem mit der Vorstellung aufräumen, der öffentliche Nah- und Fernverkehr könne nach betriebswirtschaftlichen Kriterien betrieben werden. Diese Denkweise, die in regelmäßigen Abständen Schlagzeilen produziert wie „Der Verkehrsverbund XY fährt immer tiefer in die roten Zahlen!", führt dann in ebenso schöner Regelmäßigkeit zu Vorschlägen, diese Belastungen der ,öffentlichen Hand' privaten Anbietern zu überantworten (die natürlich erst einmal kräftig rationalisieren, das Angebot weiter verknappen und damit noch mehr Menschen zum Umsteigen auf das Auto bewegen würden).

Aus unserem Blickwinkel ist der öffentliche Verkehrssektor, ob es sich um die Bundesbahn oder um die Verkehrsbetriebe der Kommunen handelt, ein Gemeinschaftsunternehmen mit sozialer Verpflichtung. Als solches hat es unter anderem die Aufgabe, die Gemeinschaft – von der schließlich die Steuergelder aufgebracht werden – vor Schäden wie der fortschreitenden Umweltzerstörung zu bewahren. Eine Möglichkeit ist beispielsweise dadurch gegeben, daß der Schadstoffausstoß bei Straßen- und Eisenbahn für eine vergleichbare Transportleistung mindestens 20mal geringer ist als bei der Automobilbenutzung. Öffentliche Verkehrsmittel sind also eine angewandte Sozialleistung, die aus grundsätzlichen Erwägungen heraus angeboten werden muß und kein markt- und gewinnorientiertes Dienstleistungsunternehmen.

Kaum ein Politiker würde bei anderen Gemeinschaftsaufgaben, etwa bei Hochschulen, Polizei oder Bundeswehr auf die Idee kommen, betriebswirtschaftliche Kriterien anzulegen und bei andauernden Betriebsverlusten die Privatisierung dieser Bereiche fordern. Auf dem Verkehrssektor jedoch, der für schwerste Umweltschäden mit globalen Langzeitwirkungen verantwortlich ist und der ständig seinen ‚Blutzoll' fordert, wird plötzlich genau dieser Beurteilungsmaßstab angelegt – auch dies ein Ausdruck der von uns bereits mehrfach kritisierten Doppelmoral.

Letzten Endes erfordert eine Rückführung des automobilen Verkehrsunwesens auf ein menschengemäßes, umweltverträgliches Ausmaß eine tiefgreifende Reform, die ihrerseits ein zielgerichtetes Umdenken, eine Neubesinnung auf künftige soziale und politische Wertmaßstäbe voraussetzt.

Solange der Tanz um das goldene Kalb Automobil jedoch anhält, gilt, was Erich Kästner schon 1928 in einem Gedicht zum Ausdruck gebracht hat:

Die Städte wachsen. Und die Kurse steigen.
Wenn jemand Geld hat, hat er auch Kredit.
Die Menschen sperren aus. Die Menschen streiken.
Der Globus dreht sich. Und wir drehn uns mit.
Die Zeit fährt Auto. Und kein Mensch kann lenken.

Anmerkungen

1 Exakt waren es 26,2 Prozent. Vgl. Süddeutsche Zeitung, 26.7.1989.

2 Ein Automobil mit 120 Stundenkilometer Reisegeschwindigkeit soll zu dem ihm vorausfahrenden mindestens 60 Meter Abstand halten; da das Fahrzeug einen Kilometer in 30 Sekunden und damit 60 Meter in 1,8 Sekunden zurücklegt, kann auf ein Auto im 1,8-Sekunden-Takt das nächste folgen. Ein Kontrollpunkt wird daher in 3 Minuten von 180 Automobilen passiert; auf einer Autobahnstrecke von 3 Kilometern Länge lassen sich 50 Automobile ‚unterbringen'.

Bei 180 km/h müßte der Sicherheitsabstand aber höher als 180:2 = 90 Meter liegen, sagen wir bei 120 Metern. Dann folgen die Fahrzeuge im 2,2-Sekunden-Takt aufeinander, der besagte Meßpunkt wird in 3 Minuten von 82 Wagen passiert und auf einer Autobahnstrecke von 3 Kilometern Länge finden nun gerade noch 25 Fahrzeuge Platz.

3 Die auf zu geringen Sicherheitsabstand zurückzuführenden Unfälle stiegen von 1980 bis 1988 um 25 Prozent (Motorwelt 9/1989).

Nachwort

In diesem Buch haben wir die mißbräuchliche, Menschen und Umwelt nachhaltig schädigende Verwendung des Transportsystems Automobil behandelt und für eine wesentliche Verringerung der zukünftigen Automobilnutzung plädiert.

Es ist nun keineswegs so, daß bei dieser sozialen Krankheit keinerlei Heilmittel zur Verfügung stünden. Aber ob die theoretisch mögliche Heilung auch praktisch realisiert wird – das hängt, ganz wie bei anderen Erkrankungen, davon ab, ob dem Patienten eine realitätsadäquate Einschätzung seines Zustandes möglich ist (oder ob er diesen verleugnet und verdrängt), ob er selbstschädigende Verhaltensweisen, die jede Heilung unmöglich machen, zu unterlassen bereit ist und ob er von den zur Verfügung stehenden Heilmitteln, die eventuell bitter oder auch unangenehm sind, den notwendigen Gebrauch macht. Nur unter diesen Bedingungen können die Selbstheilungskräfte der Kranken – die letzten Endes Basis jeder Gesundung sind – ihre volle Wirkung entfalten. Der Glaube, es käme alles von selbst in Ordnung, wenn man den Dingen nur ihren Lauf läßt, erweist sich in der Medizin wie in der Gesellschaft meist als trügerisch.

Da dieses Buch von zwei Ärzten geschrieben ist, möchten wir zum Schluß noch kurz auf die Frage eingehen, was die Medizin zur Diskussion um das Auto beitragen kann. Mediziner, das lehrt die Erfahrung, befürworten in der Regel jeden ‚Fortschritt', mag er sich auf Dauer als noch so fragwürdig herausstellen. Da die Geschichte des Autos eng mit dem naturwissenschaftlich-industriellen Fortschritt verbunden ist, der schließlich zu einer gewaltigen Steigerung der Lebenserwartung in den Industrieländern geführt hat, konnten hier Skepsis und Kritik trotz der unübersehbaren Zunahme der Belastungen bislang kaum Fuß fassen. Der Fortschrittsglaube der Medizin ist auch in Sachen Auto weitgehend ungebrochen – man kuriert lieber an Symptomen als sich um die Ursachen zu kümmern.

Hier wird es Sache der Patienten sein, die Mediziner zu ermutigen, ihre spezifischen Kenntnisse und Perspektiven einzubringen, um zu einem sinnvollen Umgang mit dem Auto zu kommen:

- Mediziner wissen und müssen daran erinnern, daß Nutzen und Schaden fast immer eine Dosisfrage sind; falsch dosiert kann jedes Heilmittel als Gift wirken. Sinnvoller Gebrauch eines Fortschritts heißt, in strenger Risikoabwägung zu fragen, wann und in welchem Umfang er genutzt werden soll. (Der unkritische häufige Einsatz des segensreichen Penizillins wird tödlich, wenn man damit resistente Keime züchtet; einmalige Überdosen wiederum schädigen andere Organe.)
- Mediziner wissen und müssen daran erinnern, über welch immense und gefährliche Fähigkeiten zur Verdrängung wir alle verfügen.

Solange es nur den neben uns trifft, solange sich der Schaden nicht täglich als sichtbare Giftwolke über uns zusammenballt, solange wir bedenkenlos Auto fahren, so oft wir Lust dazu haben, solange übersehen und verdrängen wir alle Schäden. Ja, wir bauen rege die Behandlungsmethoden der Schäden aus (wobei sich das ganze Rettungssystem seinerseits in einen Streßfaktor verwandelt), statt ihre Ursachen zu benennen und anzugehen (das ist die spezifische, aktivistische Verdrängung der Helferberufe).

- Mediziner wissen und müssen daran erinnern, daß alle Umgewöhnungen und Entziehungen schrittweise, aber stetig vor sich gehen und daß eine Umgewöhnung um so eher annehmbar ist, wenn eine positive Alternative angeboten wird. In unserem Fall wäre es ein streßärmeres, gesünderes, aktiveres und sozialeres Leben für Mensch und Umwelt, in dem das Auto nur eine von mehreren Fortbewegungsmöglichkeiten darstellt, die nur dann genutzt wird, wenn gesündere Formen nicht verfügbar sind und der Ortswechsel unumgänglich ist.